Fida Brunner-Danuser

Mimi Scheiblauer –

Musik und Bewegung

Mimi Scheiblauer um 1930

Fida Brunner-Danuser

Mimi Scheiblauer –
Musik und Bewegung

Atlantis Musikbuch-Verlag

Gestaltung: Heinz Unternährer, Zürich
Fotolithos: Ernst Höhn, Oberhasli
Herstellung: Wilhelm Röck, Weinsberg
Printed in Germany
ISBN 3-254-00103-6

Inhalt

Geleitwort

Die Berufsverbände der Rhythmiklehrer begrüßen das Erscheinen der Biographie von Mimi Scheiblauer.
Aufgrund ihrer fachlichen Voraussetzungen und intensiven persönlichen Beziehungen zu Mimi Scheiblauer schien Fida Brunner-Danuser besonders geeignet, diese lang erwartete Würdigung abzufassen.
So war es denn möglich, daß ein ungewöhnlich dichtes und bewegendes Buch entstand, welches auch die Schattenseiten dieses außerordentlichen Lebens nicht beschönigt. Die um Objektivität bemühte Haltung wird es auch der jüngeren Generation möglich machen, Zugang zu dieser unvergeßlichen Erzieherpersönlichkeit zu finden. Jedem auf diesem Gebiet Tätigen wird es Bereicherung bedeuten, sich mit den Anfängen der musikalisch-rhythmischen Erziehungsarbeit auseinanderzusetzen.

Im Namen des Berufsverbandes
musikalisch-rhythmischer Erzieher Schweiz

Im Namen des Bundesverbandes
Rhythmische Erziehung e. V. BRD

Erster Teil

Lebensweg

1
Frühe Jugend

An einem strahlenden Auffahrtstag wurde dem Ehepaar Franz und Marie Scheiblauer-Hiltbrunner eine Tochter geboren. Im Register von Luzern trug man sie unter dem 7. Mai 1891 als Marie-Elisabeth ein, ihren Geburtstag feierte sie aber zeitlebens an Himmelfahrt. So war sie: Nur das Lebendige zählte.

Die kleine Marie-Elisabeth wurde Mimi genannt und war nicht das erwartete sanfte Wesen. Es schrie oft und machte den Eltern viel Mühe. Da keine Geschwister folgten, blieb Mimi der Mittelpunkt der Familie, früh schon beeinflußt durch Vaters Vorliebe zum Philosophieren. Die Mutter wollte ihrer Einzigen alles Erstrebenswerte ermöglichen, ließ ihr aber wenig persönliche Freiheit und weckte damit wohl teilweise Mimis Widerspruchsgeist. Noch als sehr alte Dame legte die Mama Wert darauf, bei Aufführungen, Vorträgen und Kursen ihrer Tochter dabei zu sein und Lehrerin und Schüler recht kritisch zu beurteilen. Mimi Scheiblauer ihrerseits war stolz darauf, daß ihre lebenstüchtige Mutter, die zwischen Deutsch und Welsch aufgewachsene Bernerin, eine der ersten schweizerischen Postbeamtinnen gewesen war.

Der Vater, ein gebürtiger Wiener, in Wien und Prag aufgewachsen, war mit seinem Professor als junger, begabter Bahningenieur 1875 in die Schweiz gekommen, um an Planung und Bau der Gotthardbahn mitzuwirken. Als seine Stellung der Krise des Unternehmens zum Opfer fiel, wandte er sich der Geodäsie, der Landvermessungswissenschaft, zu. Auf diese Zeit ging die Freundschaft mit dem berühmten Naturforscher und Geologen Albert Heim zurück. Der neue Beruf gestattete es Franz Scheiblauer, sich in astronomische Studien zu vertiefen und in der Bergeinsamkeit die Gesetzmäßigkeiten seiner geliebten Natur zu studieren. Der Begriff der Wahrheit bekam dadurch in seiner Weltanschauung einen ganz besonderen Stellenwert.

Aber die Gründung des eigenen Hausstandes bewog ihn dann doch, wieder als Bahningenieur zu arbeiten. Bei der Geburt der Tochter finden wir die Familie, wohl in ihrer glücklichsten Zeit, in Luzern, mitten in einem wundervollen Freundeskreis von Ingenieuren und

Technikern, der sich zum Teil über Generationen die Treue hält: allen voran die Familie Brown-Boveri.
Eine frühe Freundin erzählt rückblickend: «Ich kann mich noch gut an den alten Herrn Scheiblauer erinnern mit seinen blitzblauen Augen und dem weißen Haar. Von ihm, dem humanistisch fein gebildeten, aufgeschlossenen Vater, empfing die Tochter die Fähigkeit für alles Musische und von der Mutter die zähe Kraft und Ausdauer: beides Material, woraus sich wohl ein Leben formen läßt, das jedoch nicht frei ist von Problemmöglichkeiten. ‹Eine Mischung von Wien und Emmental, was kann da schon Gutes herauskommen?› pflegte Mimi selber später zu lachen. – Immerhin, es kam nichts Gutes, sondern etwas Hervorragendes heraus.»* Und die Bilder der Zeit vermitteln sogar den Eindruck eines außerordentlichen Kindes.
Die Arbeit des Vaters brachte es mit sich, daß die Familie im Jahr 1897 nach Basel übersiedelte, wo sie 1901 das schweizerische Bürgerrecht erwarb. Mimi erhielt nun nicht mehr Privatunterricht wie in Luzern, sondern trat in die Volksschule ein. In vielem war sie den andern Kindern überlegen. Was ihr aber fehlte, war die Übung im Umgang mit der Außenwelt. Dazu kam eine gewisse Kontaktarmut, die, wie sie selber glaubte, angeboren war.
Mit der Familie im gleichen Haushalt lebte zu dieser Zeit eine Schwester des Vaters. Die betonte Fürsorge der Eltern, die ja oft der Spielfreude eines Einzelkindes entgegenwirkt, und die dreifache Einflußnahme der Erwachsenen hatten eine sichtliche Frühreife und einigen Willen zum Protest zur Folge.
Die Lieblingsbeschäftigung des Kindes war es, seine Puppen auf Stühle zu setzen und um das Klavier zu gruppieren. Stundenlang spielte ihnen Mimi vor und erzählte ihnen Geschichten. Im hohen Alter gestand sie, stets noch eine geheime Sehnsucht nach der Spielecke zu spüren, da sie sich, obwohl die Mutter ab und zu Kinder einlud, als Kind nicht habe ausspielen können. Die Verteidigungshaltung gegenüber den Kameraden dokumentiert folgendes Erlebnis: Mimi kam mit einem Körbchen Eier daher, die leider nicht mehr ganz waren. Die Schulkinder wollten schadenfroh mitjammern über das Mißgeschick, bekamen aber den verblüffenden Bescheid: «Ich habe es so gewollt!»

1906 wurde der Vater nach Zofingen versetzt. Wer Mimi kannte, mag sich vorstellen, daß die nun Fünfzehnjährige sich nur widerstrebend in die damaligen Schulfesseln zwingen ließ. Mit ihren unbequemen Begriffen von Ehrlichkeit und Echtheit schaffte sie sich schwere Schulkonflikte. Eine neunzigjährige damalige Schulkameradin nannte sie das ernsthafteste und zurückgezogenste Kind der Klasse. «Mimi empfing kaum Kinderbesuch. Sie war stets einfach gekleidet, Allotria trieb sie nie. Ihre körperliche Schwerfälligkeit rief Spott, ihr Klavierspiel jedoch Bewunderung hervor. Für mich war sie schon als Mädchen eine Respektsperson, ich verehrte sie.»*
Mit rhythmischer Gymnastik hatte man schon seit 1904 versucht, die körperliche Beweglichkeit und ihr Rhythmusempfinden beim Klavierspiel günstig zu beeinflussen. Zusätzliche Mathematik- und Physiklektionen erteilte der Vater. Er war es auch, der sie in die philosophischen Systeme einführte, um sie dadurch zu klarem Denken und präzisem Formulieren zu erziehen.
Das Ende ihrer obligatorischen Schulzeit erlebte Mimi Scheiblauer in dem kleinen Städtchen Zofingen also wieder als Außenseiter: als Neu-Zugezogene. Kommunikationsschwierigkeiten in dieser oder jener Form schienen die ganze Jugend zu überschatten. Wie sonst ließe sich die Äußerung einer einstigen Schulkameradin anläßlich der Verleihung der Doktorwürde *honoris causa* erklären: «Nett, Mimi, daß doch noch etwas Rechtes aus dir geworden ist!»
Mimi Scheiblauer war selber der Ansicht, daß eben diese am eigenen Leib erlebten Jugendprobleme der Grund gewesen seien für das große Verständnis, das sie dem schwierigen Kind schlechthin entgegenbrachte.
Nicht allein die Tochter, sondern die ganze Familie litt unter den kleinbürgerlichen Verhältnissen in Zofingen. Zum Ausgleich fuhr man – abgesehen von den alljährlichen Besuchen bei den Großeltern in Wien – nach Rom und Paris. Die starken Eindrücke dieser Kunstreisen prägten die heranwachsende Tochter – und sollten ihr bis ins hohe Alter in lebhafter Erinnerung bleiben.

2
Studienzeit

Mimi hätte gerne den Beruf des Vaters ergriffen. Da jedoch technische Berufe für bürgerliche Töchter noch ein Tabu waren (die erste Ingenieurin schloß erst 1918 in Zürich ab, die nächste 1921!), ließ sie sich am Basler Konservatorium bei Hans Huber zur Pianistin ausbilden.

Schon seit 1904 hatte Paul Boepple an diesem Ort Dalcroze-Rhythmik-Kurse, damals «rhythmische Gymnastik» genannt, geleitet. Den Anstoß dazu hatten aufsehenerregende Demonstrationen in Solothurn gegeben.

1926 schrieb Elfriede Feudel in ihrem Buch «Rhythmik» über Emile Jaques-Dalcrozes Wirken: «Jaques-Dalcroze, Harmonielehrer am Genfer Konservatorium, ging von dem Bestreben aus, schematische Spezialistenausbildung zu vermeiden und seine Schüler zu innerlich musikalischen Menschen zu erziehen. Er hatte sich zunächst mit der Ausbildung des Gehörs beschäftigt und dann – veranlaßt durch Beobachtungen an seinen Schülern – versucht, ihr rhythmisches Empfinden durch Zuhilfenahme körperlicher Bewegungen: Taktieren und Schritte machen (faire des pas) zu entwickeln... Im steten praktischen Zusammenwirken mit seinen Schülern gelangte er im Laufe der Jahre zu einem Aufbau rhythmisch-körperlicher Übungen, dem Anfang der rhythmischen Gymnastik.»

Eine 1905 in Zürich erschienene «Solothurner Broschüre» mit dem Titel «Vorschläge zur Reform des Schulmusik-Unterrichts» gelangte nach Deutschland und machte Jaques-Dalcroze auch dort bekannt.

1908 und 1909 besuchte Boepple mit einigen Berufsschülern den Sommerkurs bei «Monsieur Jaques» in Genf. Mimi gehörte zu dieser Gruppe. Sie fühlte sich zutiefst angesprochen von dieser revolutionären Auffassung der Musikerziehung. 1950 schrieb sie: *Allerdings ist zu sagen, daß wohl nur derjenige voll und ganz die einzigartige Erscheinung und Bedeutung dieses Meisters und zugleich gütigen Menschen ermessen kann, der das Glück hatte, unter seiner Leitung das Werden und Wachsen der rhythmischen Erziehung zu erleben, die Auswirkung auf sich selber zu fühlen.**

Doch zunächst war sie eine so unbequeme Schülerin, daß Jaques-Dalcroze Boepple zu verstehen gab, daß er sie künftig nicht mehr mitbringen solle. Mit der von der Mutter geerbten Zähigkeit erkämpfte sich Mimi aber auch hier ihren Platz.

Schon während des Studiums 1908 bis 1910 unterrichtete sie Kinder in Zofingen und Aarburg, war zudem Assistentin ihres Lehrers und begeisterte, wo immer sie hinkam, ihre Schüler. 1910 lehrte sie in einem Kurs des Schweizerischen Lehrervereins Rhythmik und Solfège.

Auf Anraten von Boepple folgte sie Jaques-Dalcroze, der 1910 nach Dresden berufen worden war, unterbrach aber ihr Klavierstudium nicht. Ungern ließen die Eltern «das Kind» ziehen. Mama reiste voraus, um ein Logis zu besorgen und der Pensionsmutter klarzumachen, Mimi müsse in der Fremde unbedingt gesundes Essen bekommen. Aus Vaters Briefen – oft in Versform gehalten – vernehmen wir dagegen Mahnungen, die sich eher auf das geistige Wohl beziehen: «Geh fleißig in die Oper, doch nicht mehr als einmal in der Woche, damit Du den Eindruck verarbeiten kannst. Im Schauspiel halte Dich vorläufig noch an die Klassiker. Ibsen kannst Du getrost noch abseits lassen, auch Sudermann und Hauptmann haben zuviel ‹haut goût›. Übertreibe die Dalcrozegeschichte nicht. Wir wollen keine nervöse Tochter, das wäre ein schlechter Erfolg der ‹harmonischen Rhythmik›.»

In Dresden zog Mimi Scheiblauer mit Jaques-Dalcroze in die moderne Gartenstadt Hellerau bei Dresden, wo Dr. Wolf Dohrn eine Bildungsanstalt für Musik und Kunst aufbaute und im November 1911 eröffnete. Dort genoß der Genfer Musikpädagoge die Freiheit, ganz nach seinen Ideen arbeiten zu können.

Dalcrozes neue Auffassung zog alle an, die in Künstlerkreisen Rang und Namen hatten, nicht nur Musiker: Gleichzeitig mit Mimi studierten Künstler aus 14 Nationen.

Die Hellerauer Festspiele, in der Dalcroze-Tradition «Schulfeste» genannt, bedeuteten epochale Ereignisse. Erstmals inszenierte man aus dem Geist der Musik und im Zusammenwirken von Raum, Licht und Bewegung. Adolphe Appia schuf 1910 die berühmten Orpheus-Entwürfe und in den folgenden Jahren eine Reihe «rhythmischer Räume» für seinen Freund Jaques-Dalcroze.

1912 wurde «Echo et Narcisse» *pour la fête de Hellerau* von Jaques-Dalcroze einstudiert und vor 5000 Zuschauern uraufgeführt.
Vor allem die grundlegenden Gedanken von Jaques-Dalcroze übten einen äußerst anregenden Einfluß nach den unterschiedlichsten Richtungen, denn die Zeit vor dem ersten Weltkrieg war besonders reif, solche Anregungen aufzunehmen und zu verarbeiten. Vor allem ist es selbstverständlich, daß ein auf Rhythmus aufgebautes System sehr starke Beziehung zu allen Künsten aufweist und daß mit der Erziehung durch *Rhythmus eine Erziehung* zum *Rhythmus in allen seinen mannigfachen Erscheinungsformen Hand in Hand geht.**
Diese späte Äußerung bestätigt, daß Mimis Studienzeit in Dresden eine äußerst glückliche Phase darstellte. Mit bedeutenden Menschen wurden Freundschaften fürs Leben geschlossen, vor allem mit Elfriede Feudel, die wir schon in anderem Zusammenhang genannt haben, und mit Charlotte Pfeffer. Zum ersten Mal fühlte sich Mimi in eine Gemeinschaft aufgenommen.
Dank ihrer vorausgegangenen Dalcroze-Studien in Genf, Basel und Hellerau dauerte die eigentliche Berufsausbildung in Hellerau nur acht Monate. Mimi Scheiblauer war unter den ersten, die diplomiert wurden. Das Ereignis fand am 17. August 1911 statt, einem Sonntag, wie Mutters Tagebuch vermerkt. Als Experten amteten Adolphe Appia, Kretschmar und andere prominente Persönlichkeiten. Die Eltern ließen es sich nicht nehmen, anwesend zu sein und mit der Tochter den Erfolg zu feiern. Etwas traurig blieb sie danach in Deutschland zurück, wurde aber ein paar Tage später aufgeboten, in Basel den erkrankten Boepple zu ersetzen.
Mit Freude stürzte sich Mimi in die neue Arbeit. Da sie sich in der Hellerauer Zeit innerlich stark entspannt hatte, fand sie sogleich Kontakt mit andern jungen Menschen. Man verbrachte fröhliche Stunden und unternahm Ausflüge in die Umgebung.
Mimi Scheiblauer erteilte jetzt Unterricht nicht nur in Basel, sondern auch in Colmar, Freiburg i. Br. und an verschiedenen andern, kleineren Orten. Ihr pianistisches Können wurde rege in Anspruch genommen. Mutters Familientagebuch überquillt von Terminen für Konzerte und Kammermusikabende, die neben den Rhythmikveranstaltungen mit Schülern stattfanden. Manch einer war entzückt von der Musikalität «des scheuen, ernsthaften Mädchens mit der wun-

derschönen Haartracht und dem schlichten Kleid mit dem weißen Krägelchen», berichtet ein Kursteilnehmer.
Anläßlich eines Lehrerkurses in Basel 1911 ließ sich Albert Wydler, auch als der Zürcher «Sängervater» apostrophiert, dermaßen von Mimis Art begeistern, daß er dem Direktor des Zürcher Konservatoriums, dem hochbegabten Komponisten Friedrich Hegar, vorschlug, Fräulein Scheiblauer für die dort frei gewordene Lehrstelle für Rhythmik zu gewinnen. Dalcroze-Rhythmik war am Konservatorium Zürich schon seit 1904 als Freifach geführt worden.
Trotz Schwierigkeiten, ein annehmbares Probenlokal und ein günstig zu mietendes Klavier zu finden, organisierte Wydler auf den Winter 1911/12 einenKursus für Zürcher Lehrerinnen, bei dem sich auch Doktor Hegar selbst als Hospitant einfand. Der Direktor war vor allem von Mimi Scheiblauers überragender Klavierimprovisation begeistert. Sein Urteil gab den Ausschlag für ihre Wahl auf Frühjahr 1912 entgegen dem anders lautenden Vorschlag des Dalcroze-Instituts in Genf, das nebenbei später eine Jahrzehnte dauernde Stellung der Ablehnung gegenüber Mimi einnehmen sollte.

3
Dalcroze-Lehrerin in Zürich

Vor dem Ersten Weltkrieg war es nicht allgemein üblich, daß junge Töchter Berufe erlernten. Das Wort «Frauenwahlrecht» wagte man in Gesellschaft kaum auszusprechen. Sich anstellen zu lassen «wie ein Mann», brauchte Mut. Die Natürlichkeit, mit der sich die knapp zwanzigjährige Mimi Scheiblauer mit ihren männlichen Kollegen am Konservatorium auf eine Ebene stellte, schaffte ihr deshalb heimliche Feinde. Um so wertvoller war es für sie, sich zu Hause in einer Atmosphäre inniger gegenseitiger Zuneigung und uneingeschränkter Solidarität bewegen zu können.

Franz Scheiblauer hatte seine Stelle in Basel aus gesundheitlichen Gründen aufgeben müssen, und so finden wir die Familie 1913 in Zürich niedergelassen, wo der nun 67jährige Vater im Zeichen von Mimis Arbeit ein neues Leben beginnt: Er studiert mit großem Eifer musikalische und kunstgeschichtliche Werke. Daneben findet er jetzt wieder Zeit, seinen philosophischen Studien zu obliegen.

Zwischen Vater und Tochter entwickelte sich eine beide beglückende Arbeitsgemeinschaft. Sie war der Musikerin wie dem Mathematiker so sehr Bedürfnis, daß eigens dafür regelmäßig Zeit reserviert war. So lesen wir in einem Stundenplan von Mimi: *2–3 Rhythmik, 3–4 Klavier, 4–5 Papa, 5–6 Rhythmik.*

Es war eine glückliche Zeit. – Vater war ein großer Goethe-Kenner – kein Tag verging ohne «Faust» – über jeden Tag setzten wir ein Motto –, sinnierte Mimi in späteren Jahren.

Seit Frühjahr 1912 war sie also Lehrerin am Konservatorium in Zürich. Sie unterrichtete wiederum Rhythmik und Solfège. Bahnbrechend war ihre Idee, im selben Geist Klavierstunden zu erteilen. Sie wollte «keine Pianisten machen», sondern zur Musik erziehen. Von allem Anfang an wurde die Bewegung mit einbezogen. Man übte die Tonvorstellung, das Blattlesen und die Improvisation. Die Schüler sollten Melodien singen können, die sie geschrieben hatten, und umgekehrt. Mimi unterrichtete die Kinder auch in Harmonie- und Formenlehre, die sie durch rhythmische Diktate ergänzte.

Einige Pianisten allerdings verübelten es ihr, daß sie zu wenig Wert auf das nur technische Üben legte. Oft nahm sie sich mit dem Schüler aus musikalischem Interesse Stücke vor, welche ihn rein pianistisch eigentlich überforderten, und entsprechend gering war dann der äußere Erfolg. Damit stellte sie sich in Gegensatz zur bisherigen Methode des auf Vorspiel ausgerichteten Musikunterrichts. Um so lebhafter betonten später namhafte Musiker wie Paul Burkhard und Richard Sturzenegger (neben anderen), daß Mimi Scheiblauer es gewesen sei, die sie überhaupt erst in die Erlebniswelt der Kunst eingeführt habe.

Von allem Anfang an war die Rhythmik in Zürich auf großes Interesse gestoßen. Immer mehr Schüler, die kein Instrumentalfach belegen wollten und sich besonders für Bewegungs- und Ausdrucksschulung interessierten, meldeten sich an. So drängten sich Vereinfachungen auf, etwa indem man den Noten Rufnamen gab: «Schlaf» bedeutete die Ganze Note, «Anni» zwei Achtel und «Meieli» die Triole.

Erinnern wir uns an dieser Stelle, daß zu Beginn unseres Jahrhunderts jede Art von freier Körperbewegung für Frauen noch als exklusiv, wenn nicht gar extravagant, galt. Eben noch hatte die Eröffnung des ersten Familienfreibades in Berlin die Gemüter erregt. Denn «Frauenturnen» bestand bestenfalls aus einigen vorgeschriebenen Armbewegungen (eventuell mit Handstäben), ausgeführt meist in enganliegender, wadenlanger Kleidung. Es war ein gesellschaftlicher Trapezakt erster Güte, in den Dalcroze-Kursen mit nackten Armen und Beinen und dazu noch barfuß zu üben. Denn Mimi Scheiblauer forderte, daß die Kinder den Boden «fühlten».

Groß und klein bewegten sich also fröhlich, ungezwungen und doch konzentriert nach musikalischen Regeln. Die Kinder lernten Notenwerte und Pausen nicht nur kennen, sondern auch erleben, und sie lernten Melodien aufzuzeichnen und die musikalischen Abläufe mitzutaktieren. Rhythmische Probleme, wie das gleichzeitige Erklingen von Duolen und Triolen, wurden virtuos körperlich dargestellt, Formen in Raum und Zeit gestaltet, ganz wie es «Monsieur Jaques» zur Förderung des Gehörs und des Rhythmusempfindens vorschrieb.

Im Rahmen der Semesterschlußprüfungen veranstaltete die Schule Demonstrationsstunden im Konzertsaal des Konservatoriums. Meist nach einem kurzen Einführungsreferat und Übungsproben mit

Kindern wurden von der Berufsklasse schwierige rhythmische Aufgaben gelöst. Mit Schritten wurde die Grundform, mit Armbewegungen die Melodie nachgezeichnet, so daß das Publikum sinnfällige visuelle Wiedergaben von polyphonen Werken erleben konnte. Zum Abschluß wurde improvisierend gesungen und getanzt.
Aufführungen der Tanzspiele von Jaques-Dalcroze im Rahmen öffentlicher Anlässe oder in privaten Gärten wurden zu Schulfesten. Welch ein neues Glücksempfinden für die Mädchen! «Unsere Freude nahm aber ein plötzliches Ende», schrieb Elvira Lüthy, eine damalige Schülerin. «Die Turnkleider sollten ersetzt werden durch Höschen und Leibchen. Das fanden viele Eltern schockierend. Wir Kinder hätten uns wohl auch geschämt. Wir waren dann trotzdem sehr enttäuscht, als wir deswegen den Unterricht aufgeben mußten.»
Außer als Rhythmik- und Klavierlehrerin wirkte Mimi Scheiblauer in privaten und öffentlichen Kreisen als gefragte Pianistin, war aktiv im Berufsverband und sang im Häusermann-Chor und bei anderen Singvereinen begeistert mit. Zusätzlich ließ sie sich an Privatschulen anstellen und leitete, wo immer möglich, Fachkurse, Diskussionsrunden und Aufführungen; sie nahm jede Arbeit an, um ihren neuen Ideen Gehör zu verschaffen. Zeitweise verausgabte sie sich dermaßen, daß sie bei Semesterabschluß völlig erschöpft war.
Daneben pflegte Mimi Scheiblauer verschiedene andere Kontakte, vor allem im großen Bekanntenkreis der Eltern. Von der Mutter wurde sie noch immer behütet. Diese ängstigte sich sogar, wenn «ihr Kind» ohne sie zu Rodel- oder Eislaufpartien auszog, sei es von Zürich aus oder in den Winterferien bei Verwandten in Davos oder Arosa. Die Sommerferien verbrachte die Familie meist gemeinsam an einem schönen Ort in der Schweiz, wo die Tochter mit Klavierabenden und der Organisation der Feiern zum Ersten August die anderen Gäste zu erfreuen pflegte.
Dieses frohe Leben wurde jäh unterbrochen durch den Ausbruch des Krieges im Sommer 1914. Der Kontakt mit den Freunden in aller Welt und dem österreichischen Teil der Familie riß plötzlich ab. Um so engagierter betätigten sich Mutter und Tochter nun in Hilfsaktionen aller Art. Mimi begleitete in vielen Nächten Kindertransporte. Oft blieb ihr dabei keine Zeit zum Schlafen, bevor sie am Morgen wieder zur Arbeit mußte. Auch der gesamte Erlös ihrer Aufführun-

gen wurde von nun an dem Kinderhilfswerk übergeben. Zur Senkung der dabei anfallenden Kosten schrieb Mutter eigenhändig Einladungen, verteilte Programme, besorgte den Kartenverkauf und nähte selber Kostüme.
Im vierten Kriegsjahr 1917 zog die Not auch in viele schweizerische Heime und Familien ein. Mimi Scheiblauer organisierte mit Hilfe wohlhabender Freunde Weihnachtsbescherungen für ihre Schützlinge und half mit, den Tauschhandel zwischen Stadt und Landschaft von Zürich zu beleben: Die Kantonsgrenzen waren für landwirtschaftliche Produkte gesperrt worden. Katastrophen, Generalstreik und eine mörderische Grippeepidemie trugen dazu bei, daß auch im kriegsverschonten Land recht eigentlich eine Epoche zu Ende ging.
Trotz aller Erschütterungen ging der Unterricht weiter. Das Alter der Schüler war nach oben und nach unten kaum mehr begrenzt. Es gehörte zum guten Ton, «Rhythmik zu machen», dabei zu sein. Eine Schülerin schreibt jedoch: «Nach dem Direktionswechsel 1918 wurde die Rhythmik am ‹Konsi› so etwas wie ein Stiefkind. Wir hatten eine kleine Ecke des großen Saals zur Verfügung neben lauter aufgestapelten Stühlen – eher ungemütlich! Aber hell flutete die Sonne durch die großen Fenster. Später wurde uns der Singsaal zur Verfügung gestellt, doch unglücklicherweise lag dieser Raum gerade über den Direktionsräumen – das wurde mit der Zeit natürlich unhaltbar: immer buchstäblich auf den Köpfen der Direktoren herumzutanzen. Alles war froh, als am Predigergäßlein in der Zürcher Altstadt ein Rhythmiksaal gefunden wurde, wo wir ein paar Jahre – allerdings unter primitivsten Verhältnissen – ganz unter uns waren. 1924 zog man um in die großen, hellen Säle an der Freiestraße, in denen die Rhythmikschule heute noch untergebracht ist.»* Zentralheizung, Waschgelegenheit und andere Annehmlichkeiten kamen allerdings viel später dazu.
Seit Kriegsbeginn war Jaques-Dalcroze wieder in Genf. Mit andern Künstlern hatte er einen Protest gegen die Bombardierung der Kathedrale von Reims unterschrieben. Er wurde deshalb in Deutschland zum Landesfeind erklärt und durfte jahrelang nicht nach Hellerau zurückkehren. Regelmäßig besuchte Mimi Scheiblauer allein oder mit fortgeschrittenen Schülerinnen die Sommerkurse am

Genfer Institut, ab 1916 als Jury-Mitglied. Sie kam jeweils sehr angeregt zurück.

Aus der Überzeugung heraus, jeder Mensch sei ansprechbar für Musik, war es ihr ein Anliegen, auch die sogenannten «Unmusikalischen» miteinzubeziehen. Die Rhythmik schien ihr geeignet, eine Nacherziehungsrolle zu übernehmen, wo beim Kleinkind etwas verpaßt worden war.

Zu ihrer Arbeit mit Unmusikalischen schreibt sie: *Musikalische Übungen wurden bedeutend vereinfacht... Durch die Beziehung zur Welt des Kleinkindes erfuhr die Pflege des Kinderliedes eine vermehrte Aufmerksamkeit. Auch in den oberen Klassen wurde dem Gesang mehr Zeit eingeräumt, hier vor allem dem Reigenlied. Dies führte natürlicherweise zu Aufführungen, welche durch die Beteiligung aller Rhythmikschüler den Charakter von Schulfesten hatten und welche durch das gemeinsame Arbeiten an einem Programm und zu Gunsten irgendeines guten Zwecks unter Vermeidung allen solistischen Hervortretens Einzelner ebenfalls der Erziehung des Gemeinschaftssinnes dienten.*

Mimi Scheiblauer übte eine große Faszination auf ihre Schüler aus, an der ihre Improvisationskunst beträchtlichen Anteil hatte. Sie improvisierte in jeder Form und über jedes Thema, ja sie flocht ab und zu mit Vergnügen eine gemeinsame musikalische Erinnerung mit ein. Diese Überlegenheit befähigte sie, sich ganz in die Schulklasse einzufühlen, die Bewegung zum Klingen zu bringen. Man war ganz in der Musik und sehr glücklich dabei. Wie freudig erfüllt waren die Fortgeschrittenen, wenn sie Schumanns «Kinderszenen», Mozarts «Petits Riens» oder andere Musik in Bewegung umsetzen konnten, jedes in seiner persönlichen Ausdrucksweise. Die Töchter wurden angeleitet, die Kostüme selber zu entwerfen, den Raum zu bestimmen. Eitelkeiten gab es da nicht; die Möglichkeit des Gestaltens war zu beglückend.

Diese Schaffensperiode gipfelte in dem Jugendfestspiel 1927, das von Dora Bürke nach Ideen von Mimi Scheiblauer und mit eigens dafür komponierter Musik von K. H. David im Stadttheater (heute Opernhaus) Zürich mit Erfolg aufgeführt wurde... «gewinnende Natürlichkeit...», «...eine leichtfüßige Schar im weißen Flügelkleide...», «Veredlung der Gebärde, die für die Ästhetik des Lebens wichtig ist...», lobte die Presse: So neu wirkte die natürliche Bewegung. Der Zürcher Regisseur Hans Zimmermann äußerte sich folgendermaßen zur gemeinsamen Arbeit: «Spiel-Tanz, angeregt und begleitet von guter Musik, das sind die Elemente unserer Aufführung. Die Proben dazu wollen mehr sein als ein bloßes Eindrillen von 600 größtenteils ganz ungeschulten Kindern und Jugendlichen. Sie wollen in allen Mitwirkenden bis hinunter zum kleinen, dreijährigen Knirps die Freude wecken an einer harmonischen Bewegung, die, mehr noch als vom äußeren Takt der Musik, vom Lebensrhythmus jedes Einzelnen bestimmt wird. In uns allen lebt bewußt oder unbewußt die Sehnsucht, Empfundenes in schöner Form auszudrücken und klar zu gestalten.»

4
Eigene Wege

In einem Aufsatz von Jaques-Dalcroze aus dem Jahre 1914 heißt es: «Nach meiner Überzeugung ist die Erziehung für und durch den Rhythmus geeignet, große Umwälzungen in der Denkweise der künftigen Generationen herbeizuführen ...» «daher scheint sie mir berufen zu sein, in einer allerdings noch weiten Ferne, die Gesetze der Gesellschaft zu regenerieren.»

Ganz in diesem Sinne hoffte Mimi Scheiblauer, durch das Mittel der Musik die Kinder vom Kopieren zu befreien, sie zu individueller Kreativität zu führen. Im ersten Kursus für Jugendhilfe, organisiert vom Jugendamt und der sozialen Frauenschule in Zürich am 2. bis 7. Oktober 1922, versuchte sie durch die Lektion «Kleinkind und rhythmische Gymnastik» den Erziehern und Fürsorgern einen Einblick in ihre Arbeit zu geben. Mit Staunen erkannten die Teilnehmer die Wirkung der Musik auf Kinder, deren Inneres mit Worten schwer zu bewegen war. Daß solche Arbeit not tat, entdeckte vor allem der damalige Jugendsekretär Dr. R. Briner, und er ermöglichte Mimi Scheiblauer Versuche an Beobachtungsklassen, einer Vorstufe der Zürcher Sonderschule.

Das Jahrhundert des Kindes hat der Jugend große Freiheiten gebracht. Die gleichzeitige Erziehung zur Selbstbeherrschung und zum Verantwortungsbewußtsein ist aber vielerorts verpaßt worden. Unbewältigte Alltagsprobleme waren die Folge solchen konturenlosen Daseins besonders dort, wo Fähigkeiten oder Vorbilder fehlten. Anhand von mannigfachen, neu geschaffenen Konzentrations- und Inhibitionsübungen lehrte Mimi Scheiblauer die Schüler, einen Bewegungsablauf (auf den Zwischenruf «hopp») zu unterbrechen oder in rascher Reaktion (Zwischenruf «hipp») umzustellen, mit dem Ziel, Körper und Geist zu beherrschen. *Schon Jaques-Dalcroze hatte erkannt, daß man nur von einer Beherrschung des Körperlichen sprechen kann, wenn man umschalten kann, wenn man durchhalten kann. Das war vielleicht das Größte, das er erkannt hat.** Als geeignete Übungen erwiesen sich:

A: Ein Schüler führt an, die anderen (und die Musik) müssen folgen.

B: Die ganze Gruppe geht oder klatscht, bis von innen heraus ein gemeinsames Tempo entsteht. C: Auf der Wandtafel oder in der Luft wird ein gesungener oder gespielter Melodieablauf nachgezeichnet.

Im Rückblick urteilte Mimi folgendermaßen: *Die Arbeit mit diesen seelisch, geistig und teilweise auch körperlich zurückgebliebenen Kindern war besonders in disziplinarischer Hinsicht außerordentlich schwierig. Das Ergebnis des zweijährigen Unterrichts war trotz häufigem Schülerwechsel einigermaßen befriedigend, die neu gewonnenen Erkenntnisse aber äußerst wertvoll, wurden diese doch zur Grundlage, auf der sich die weitere Rhythmik für Schwererziehbare aufbaute.*

Diese Erfahrungen mußten sich auf die regulären Kurse auswirken, so daß auch dort der Anteil der erzieherischen Ziele gegenüber den musikalischen an Erheblichkeit gewann. Eine Lockerung der für Jaques-Dalcroze unzertrennlichen Einheit von Rhythmik, Solfège und Improvisation war die logische Konsequenz. Gegenüber dem von Jaques-Dalcroze gelehrten ganzheitlichen Musikverständnis für alle setzte Mimi Scheiblauer immer deutlicher die Musik für eine ganzheitliche Erziehung ein.

Mit dieser Sicht hatte nun aber die Dalcroze-Schülerin den vorgegebenen Rahmen verlassen. Jaques-Dalcroze selber hatte zwar stets dazu aufgerufen, an seiner Idee weiterzuarbeiten, neue Wege zu suchen; doch dem Institut in Genf führte Mimis Schritt zu weit weg von der Methode. Sie wurde getadelt. Monsieur Jaques aber blieb in Kontakt mit seiner dynamischen Schülerin, in deren Arbeit er seinen Sinn und Geist erkannte. Ab und zu weilte er in Zürich zu Besprechungen oder Aufführungen. In einem Brief vom 8. September 1935 äußert er sich sehr persönlich über den von Menschen aus aller Welt besuchten Sommerkurs. Er spricht von seinen Chansons und macht Mimi den Vorschlag, keine Übersetzungen zu verwenden, sondern den Kindern nur den Inhalt der Tanzlieder zu vermitteln und sie dann den Text in ihrer Muttersprache selber formulieren zu lassen. Unterschrift: «ton affectionné E. Jaques-Dalcroze».

Später obsiegten wohl die Intrigen. Das Institut sollte erst am Rhythmikkongreß 1954, vier Jahre nach des Meisters Tod, bereit sein, der schon längst berühmten Mimi Scheiblauer die Gelegenheit zu bieten zu einem Vortrag über ihre bahnbrechende Arbeit mit

Taubstummen. Viele Jahre zuvor hatte sie geschrieben: *Frauen, die etwas Besonderes wollen, müssen bereit sein, einsame und schwere Wege zu gehen.* Heute wird sie jedoch, zusammen mit Frank Martin, Ernest Ansermet, Burkhart Reichel, Rosalie Chladek, Elfriede Feudel und anderen, zu den bedeutendsten Absolventen der Dalcroze-Schule gezählt.

Doch zurück in ihre Zürcher Zeit. 1919 war das Europäische Friedensabkommen unterzeichnet worden. Gleichwohl war in den Nachbarländern Hilfe aus der Schweiz immer noch dringend notwendig, denn dort herrschte nach wie vor bitteres Elend. Umgekehrt nahmen die Schweizer begierig auf, was an Kulturschaffen über die nunmehr wieder offene Grenze ins Land flutete. Die bunte Reihe berühmter Namen brachte Mimis Agenda fast zum Platzen: Mohr-Macciachini, Gerhart Hauptmann, Niddy Impekoven, Wanda Landowska, Walter Gieseking, Pitoëff und viele andere gastierten in Zürich.

Auch die jungen Schweizer Künstler und Komponisten freuten sich, nach dem langen militärischen Aktivdienst an der Landesgrenze wieder persönliche Kontakte pflegen zu können: In allen instrumentalen Zusammensetzungen blühte nun das Ensemblespiel auf, die neuesten Werke von Arthur Honegger, Lang, Wehrli, Schoeck und anderen wurden einstudiert. An festlichen Anlässen wie dem Maskenball im Kunsthaus amüsierte man sich – zum Entsetzen von Mama Scheiblauer – «bis halb vier in der Früh».

Mit den Eltern zusammen besuchte die Tochter gerne Vorträge oder die damals noch seltenen Filmvorführungen über Expeditionen und wissenschaftliche Forschungen. Ganze Sonntage verbrachte die Familie bei Flugschauen, für die sich der Vater als Ingenieur brennend interessierte.

Sein Tod im Jahre 1925 band die beiden Frauen noch enger aneinander: Mutter lebte fortan als «liebenswürdige Hausdame und persönliche Sekretärin» nur noch für das Wohl von Mimi, was diese im privaten Bereich oft etwas einengte. Sie begleitete die Mutter zu Badekuren und verließ über viele Jahre Zürich kaum mehr allein, weder privat noch beruflich. Mußte es doch einmal sein, bekam Frau Scheiblauer täglich Bericht.

Ihren Urlaub verbrachten die beiden oft als Gäste bei der Familie

Brown in Montagnola, bei Dr. Riklin in Küsnacht, bei Frau Gabriel in Stuttgart oder im Landerziehungsheim Albisbrunn. Auch sonst lebten sie bescheiden, denn das meiste Geld wurde für die Tante benötigt, welche in Mimis Kinderzeit im gleichen Haushalt gelebt hatte und nun in einem Pflegeheim war. Als ansehnlicher Posten auf der gemeinsamen Rechnung erschien immer wieder: «Wohnungswechsel». Pianisten waren noch nie beliebte Mieter.

5 Erstes Seminar 1926 bis 1928

Durch die Arbeit in Heimen, Sonderschulen und Kindergärten vervielfachte sich Mimi Scheiblauers Arbeit rasch in ungeahntem Maß. Sollten ihr die Aufgaben nicht über den Kopf wachsen, war es jetzt dringend notwendig, Mitarbeiter auszubilden.
In diesem Sinne wurde 1926 mit viel Idealismus und tatkräftiger Unterstützung durch Dr. Volkmar Andreae, dem Dirigenten und damaligen Direktor des Zürcher Konservatoriums, das Seminar für musikalisch-rhythmische Erziehung gegründet als selbständige Abteilung am Konservatorium.
Die erste Seminarklasse bildete sich ausschließlich aus langjährigen Scheiblauer-Schülerinnen, die alle über eine gute Vorbildung verfügten. Späteren Jahrgängen wurden diese Vorkenntnisse in einem Grundstufen-Semester vermittelt. Das eigentliche Fachstudium erstreckte sich dann über vier Semester. Der Stundenplan umfaßte die für jedes Musikstudium üblichen obligatorischen musiktheoretischen Fächer. Außerdem Klavier, Improvisation, Dalcroze-Rhythmik sowie allgemeine und spezielle Pädagogik, welche Mimi Scheiblauer selber lehrte. Fakultativ waren die Vorlesungen über Heilpädagogik bei Professor Hanselmann an der Universität. Regelmäßig wurden auch Ärzte, Pädagogen und Musiker eingeladen, aus ihrer Sicht Probleme zu erörtern, die mit Bezug auf die Rhythmik wichtig schienen. Unter den Gastreferenten finden wir den Wiener Psychologen Professor Aichhorn, den Rhythmustheoretiker Professor E. Ferand, den Musikwissenschaftler Professor Leo Kestenberg, die Regisseurin Georgette Boner-Brown und den Jung-Schüler Dr. med. Riklin. Noch über Jahre hinaus wurde die Reihe dieser Vorträge in ähnlicher Form weitergeführt.
Nach Möglichkeit hospitierten die Studierenden in den Kinderklassen ihrer Lehrerin. Diese ließ sich in ungehemmter Kreativität von den laufenden Ereignissen und den natürlichen Gegebenheiten des Tages (Schnee, Sechseläuten, Herbst, Gewitter usw.) zu immer neuen Übungen inspirieren. Im Verlauf eines Semesters erkannten die Studentinnen die Möglichkeiten, in der Rhythmik auf Probleme der Schüler einzugehen und diese im Kursus aufzuarbeiten.

Bei Vorbereitung der Stunde gedanklich die ganze Klasse vor sich sehen, notierte sich Mimi für eine Seminarstunde. *Auch spezielle Übungen für einzelne Schüler hineinnehmen. Die beobachtet man dann an dieser Stelle der Stunde ganz besonders.*

Dank dem weitgehenden Entgegenkommen von Schulbehörden, Jugendamt und heilpädagogischem Seminar war man in der Lage, alle Teilnehmerinnen des Ausbildungskurses während zwei Jahren auch praktisch arbeiten zu lassen, indem man ihnen Klassen von Kindergärten, schulpflichtigen Gesunden und Behinderten zuwies. Dadurch verfügte jeder Schüler nach Beendigung des Seminars bereits über zweijährige praktische Erfahrung, «stand daher als selbständig Arbeitender nicht mehr fremd den täglichen Unterrichtsproblemen gegenüber», wie Mimi schrieb. Dieser praktischen Arbeit konnten sich die Studierenden im Landerziehungsheim Albisbrunn, in der Blinden- und Taubstummenanstalt in Zürich-Wollishofen, im Mädchenheim «Gartenhof» in Zürich und in den Heimen «Bühl» ob Wädenswil und Uster widmen.

Im Montessori-Kindergarten bot Elsa Höhn die Gelegenheit zur Auseinandersetzung mit einem weiteren neuen Erziehungsprinzip. Zur Intensivierung der körperlichen Ausbildung wurden die Seminaristinnen einzeln in verschiedene Kurse geschickt (Theaterballett, Mensendieck, Perrotet). Das dort Erarbeitete mußte dann an die Kolleginnen weitergegeben werden.

Solche Außenkontakte hatten das Ziel, ein möglichst breites Spektrum von Anregungen zu vermitteln. In diesem Sinne gestattete ein zweiwöchiger Kurs in Laxenburg bei Wien, wohin die Schule Hellerau 1925 verlegt worden war, einen lehrreichen Einblick in die Arbeit von Christine Baer-Frissell. Der kunstvolle Aufbau ihrer Lektionsfolge über das Thema: «Der Kreis» begeisterte die Zürcher Studentinnen besonders. Mimi Scheiblauer erteilte Gastlektionen für alle Altersstufen. Ihre Arbeit beeindruckte die «Laxenburger» vor allem durch den «inneren und äußeren Frieden in der Stunde», wie sich Christine Baer in einem Bericht ausdrückte. Bald erkannten die beiden Pädagoginnen, daß sie viele gemeinsame Ziele verfolgten. Sie beschlossen deshalb, in zwei- bis dreiwöchigen Kursen weiterhin zusammenzuarbeiten, die abwechselnd in Zürich und Laxenburg stattfinden sollten. Dieses interessante Projekt scheiterte jedoch

bereits 1932: Christine Baer erkrankte schwer. Sofort bot Mimi Scheiblauer ihre Hilfe an, um die Patientin zu entlasten. Doch Frau Baer starb im Oktober 1932, und die vielversprechende Zusammenarbeit zwischen Zürich und Laxenburg brach großenteils ab.
Für die damalige Zeit revolutionär gestaltete Mimi Scheiblauer die letzten Wochen ihres ersten Seminars: Sie verlegte den gesamten Unterricht nach Montagnola, den Wohnort der Familie von Georgette Boner-Brown, und arbeitete mit ihren Studentinnen vor allem im Freien, wo sie die gestalterischen Möglichkeiten der freien Natur für Musik, Gesang und Tanz erprobte. Sonntags gab es lehrreiche Ausflüge in die Tessiner Landschaft, oder man saß am noch neuen Radio, ohne freilich zu ahnen, welchen unseligen Einfluß die Medien in Zukunft auf die Erziehung ausüben sollten!
Das hohe Niveau der Klasse, die langjährige Bekanntschaft zwischen Lehrerin und Schülerinnen, der gemeinsame begeisterte Einsatz im Dienste der neuen Schule und nicht zuletzt vielleicht auch der geringe Altersunterschied ermöglichten eine persönliche Vertrautheit, wie sie später nie mehr entstehen sollte.
Den Plan für die abschließende Diplomprüfung gestaltete Mimi Scheiblauer in enger Zusammenarbeit mit Professor Kugler, dem Vorsteher des Seminars für Schulgesang und Münsterorganisten in Schaffhausen. Neben ihm amteten als Prüfungsexperten Direktor Andreae und der Komponist Hans Jelmoli. Die Spannung war bei Lehrerin und Schülerinnen gleich groß, galt es doch, sich als neue musikalische Sparte zu profilieren.
Geprüft wurde in allen musiktheoretischen Fächern sowie in Dalcroze-Rhythmik (Rhythmik, Solfège und Improvisation). Ein Aufsatz über ein rhythmisch-musikalisches Thema, die einwandfreie Interpretation eines Klavierstückes (später auch Blattspiel) sowie eine Klavierimprovisation nach vorgegebenem Thema wurden verlangt. Das Kernstück des Examens bildete die Probelektion über ein bestimmtes Thema, zum Beispiel «Auftakt», «Einführung in Synkopen» oder «Der Begriff Polyphonie». Das Konservatorium stellte die Probeklasse.
Die Experten waren begeistert. Alle Schülerinnen hatten gute Leistungen erbracht und freuten sich darauf, im Beruf zu arbeiten.
Dies war ein Glück, denn Mimi Scheiblauer hatte sich in verschiede-

ner Hinsicht zu viel aufgeladen: Seit dem tragischen Tod der Sängerin Tempe Heisler-Seng bei der Geburt des zweiten Kindes im August 1928 setzte Mimi viel Zeit und Kraft für die verwaisten Kinder der Freundin ein. Auch dem Vater, Dr. August Heisler, stand sie tatkräftig bei, denn sein Sanatorium in der Nähe von Königsfelden war, seit die Hausherrin fehlte, in mancherlei Schwierigkeiten. Schon früher hatte Mimi Scheiblauer dort mit Menschen aller Altersklassen gearbeitet. Es muß eine ganz entscheidende Begegnung «verwandter Seelen» und eine für alle Beteiligten beglückende Zeit gewesen sein. Unter Freunden erzählte Mimi gerne von jenen Aufenthalten, die wegweisenden Einfluß auf ihr ganzes Leben gehabt hätten.

Neben der Sorge um das Wohl der ihrer Stütze beraubten Familie belasteten Mimi Scheiblauer unerwartete Probleme am Konservatorium: Viele Familien waren schon Ende der zwanziger Jahre gezwungen, ihre Ausgaben für die musische Ausbildung ihrer Kinder drastisch zu kürzen. Erschwerend kam dazu, daß einer der Direktoren kein Hehl daraus machte, daß er «von der Scheiblauerschen Sache nichts hielt», womit er natürlich ihrer Stellung am Institut schadete. Dieser Rückschlag traf die junge Frau schwer. In jugendlichem Ungestüm schrieb sie: *Am liebsten würfe ich den ganzen Bettel hin. Wir müssen uns klar sein, daß wir nur als gute Einnahmequelle geduldet sind.*

Mimi Scheiblauer war nahe daran aufzugeben, neu zu beginnen, Medizin zu studieren. Dazu fehlten ihr aber schließlich die finanziellen Mittel, denn ihre Einnahmen hatten bisher zum größten Teil der Verwirklichung ihrer musikalisch-pädagogischen Idee gedient. Zur Besinnung und Erholung zog sie sich nach Montagnola zurück, während die Neudiplomierten ihren Platz auszufüllen versuchten.

Doch im Tessin fand sie wieder zu sich und ihrer Aufgabe: Sie kehrte mit neuer Energie und neuem Durchhaltewillen an ihre Rhythmikschule zurück. Beträchtlichen Anteil an dieser Entscheidung hatte Professor Gustav Kugler. Mimi Scheiblauers Bekanntschaft mit ihm ging auf das Jahr 1921 zurück, als sie sich in einer unterrichtsmethodischen Frage an ihn gewandt hatte. Sie blieben zeitlebens verbunden in Freundschaft und gegenseitiger Wertschätzung. Nach ihren Worten war er ein guter Musikpädagoge und ein hervorragender Psychologe, und sie gab sogar im Eigenverlag Kuglers «Liedli» heraus, denen sie «Zehn Gebote der Erziehung» beifügte. Sie ließ sich von ihm, der die Ehrfurcht vor der Eigenart jedes Menschen lehrte, anregen, sich mit der menschlichen Seele zu befassen und Psychologie zu studieren. Dadurch fand sie den «Weg in die Einfachheit», auch der Rhythmik.

1922 erschien Kuglers Klavierschule, die nach ganz neuen Gesichtspunkten gestaltet war: einfach, klar, befreit von allen Nebensächlichkeiten. 1937 sollte sie umgearbeitet und erweitert werden. Nachdem sie im Laufe der Jahre in zahlreiche Sprachen übersetzt worden ist, erfreut sie sich heute noch großer Beliebtheit.

Mimi Scheiblauer hatte wesentlich an der Klavierschule mitgearbeitet, indem sie die Grundsätze der Rhythmik einbaute. Darüber hinaus hatte sie eine eingehende Anleitung zur Improvisation verfaßt, die für diejenigen Klavierlehrer bestimmt war, welche die Mehrarbeit des systematischen Vorarbeitens, Erklärens, Erkennenlassens, Transponierens oder Weiterführens eines gegebenen Anfangs bisher gescheut hatten. Andererseits übernahm und vermittelte Mimi Scheiblauer auch selber Kuglersches Gedankengut. 1939 zitierte sie in einem Nachruf: «Die Welt der Ideen, der Gesetze, der Überzeugungen, die Welt des Schönen, Wachen auferlegt uns Verpflichtungen, denen wir uns nicht entziehen können. Und diese Verpflichtungen, mögen wir sie auch mit Irrtum und Vorurteilen vermengen, geben doch dem Menschen seine Würde. In der Zugehörigkeit zu solchen Welten, zu überindividuellen Geistesgemeinschaften, liegt der Sinn des Lebens.» Und in Mimis Nachlaß fand sich ein Vorbereitungsheft zu Einführungskursen in den Gebrauch der Kugler-Schule. Die Teilnehmer scheinen Klavierlehrer und interessierte Eltern gewesen zu sein.

6
Zweites Seminar 1928 / Theaterarbeit

Das erste Quartal des zweiten Seminars war belastet durch die Abwesenheit von Mimi Scheiblauer. Die eben Diplomierten setzten sich in ihrer neuen Eigenschaft als Lehrkräfte zwar enorm ein, wurden wegen ihrer Unerfahrenheit aber nicht von allen akzeptiert. Der Lehrplan blieb grundsätzlich derselbe wie im ersten Seminar. Man ergänzte ihn lediglich durch den die Körperbildung begleitenden Anatomieunterricht. Eine Wandlung hatte sich allerdings vollzogen: Zusätzlich zur Grundausbildung befaßte man sich – als Ersatz für das Spezialstudium von Aspekten und Methoden der Körperbildung im ersten Seminar – eingehend mit den wichtigsten europäischen Erziehungssystemen. Analog zum Vorgehen, das sich früher bewährt hatte, wurde jeder Studentin ein richtungsweisender Pädagoge «zugeteilt», mit dessen Werk sie sich eingehend zu beschäftigen hatte. In Form eines Referates mit einschließender Diskussion hatte sie dann ihr fundiertes Wissen den Kolleginnen weiter zu vermitteln. Den Studentinnen, die direkt von der Schulbank kamen und an rezeptives Lernen gewöhnt waren, fiel die Umstellung auf diese anspruchsvolle Arbeitsweise oft nicht leicht. Auch in praktischer Hinsicht wurden die Seminaristinnen von Mimi Scheiblauer nicht geschont, im Bewußtsein, daß gerade das noch kaum erfaßte Gebiet der Heilpädagogik belastbarer junger Rhythmikerinnen bedurfte.
Immer häufiger interessierten sich auch Kindergärtnerinnen für die Scheiblauer-Rhythmik. Deshalb wurden die Praktika erweitert, bis jede Studentin mindestens einmal pro Woche Vorschulpflichtige unterrichtete.
Schon in diesen Jahren schwebte Mimi Scheiblauer die Integrierung der Rhythmik in alle Volksschulen vor; allerdings nicht als Fach, sondern als Erziehungsprinzip, das als fächerverbindendes Element eine ganzheitliche Erziehung gewährleisten sollte. *Jede Sache zu andern in Beziehung setzen: Daraus wird die meist so kompliziert erklärte Ganzheitserziehung*, schreibt sie. Die Zeit dafür war allerdings noch lange nicht gekommen. Wenige erfaßten damals Mimi Scheiblauers Ideen vom Finden des Eigenrhythmus, von der Not-

wendigkeit des schöpferischen Tuns für jeden Menschen; im konventionellen Unterricht wurde noch fast ausnahmslos nachgeahmt und auswendig gelernt!
Aus Unverstand versuchte man, sie lächerlich zu machen oder bereitete ihr sonst alle möglichen Schwierigkeiten. Dies war allerdings für ihre starke Persönlichkeit eher Ansporn als Belastung. «Sie nahm alle positiven Anregungen auf, verarbeitete sie und kombinierte sie mit ihren Grundsätzen. Mimi Scheiblauer unterrichtete stets lebendig und anspruchsvoll», schrieb später eine damalige Schülerin.
Praktisch wirkte sich der Gedanke der «Notwendigkeit des schöpferischen Tuns» dahingehend aus, daß man im Landerziehungsheim Albisbrunn, an dessen Auf- und Ausbau Mimi Scheiblauer sich intensiv beteiligte, mit den Zöglingen Spielzeug und einfache Schlaginstrumente herzustellen begann. Dem Unternehmen war ein erstaunlich rascher pädagogischer Erfolg beschieden.
Aus der Erkenntnis heraus, daß die gestalterischen Kräfte von den einfachsten Dingen am meisten angeregt werden, ergänzte Mimi Scheiblauer ihr Hilfsmaterial im Unterricht durch Bälle und Seile, und sie begann, die Verwendung von Stühlen zu intensivieren: Jedes Kind sollte seinen Platz haben, von dem es ausgeht und an den es zurückkehrt.
Auch in die andern Kurse integrierte Mimi Scheiblauer das Albisbrunner Instrumentarium auf allen Stufen. In der Berufsklasse brachte diese Neuerung den Vorteil, daß die Studentinnen, die zwar gute pädagogische Voraussetzungen mitbrachten, denen aber die Selbstverständlichkeit im Klavierspiel fehlte, bei der Improvisation auf Singstimme und Schlaginstrumente ausweichen konnten. Im gleichen Sinn von Bedeutung sollte einige Jahre später die Einführung der Bambusflöte werden: Trudi Biedermann-Weber, eine Rhythmikerin (sowie Violinistin und diplomierte Pianistin) aus dem ersten Semester, hatte die einfache Möglichkeit des Musizierens auf selbstgeschnitzten Flöten bei deren Erfinderin in England kennen gelernt: Der Schüler schnitzt und bohrt sein Instrument Ton für Ton selber aus einem Stück Bambus und verziert es nach Geschmack und Können. Dank ihrer Einfachheit war diese Flöte besonders geeignet zum Improvisieren.* Mimi erkannte sofort, daß die Bambusflöte

ihrer Arbeitsweise vorzüglich entsprach. Sie war denn auch maßgebend beteiligt an der Gründung der Schweizerischen Bambusflötengilde im Jahre 1933.
Von allem Anfang an hatte das Fach der musikalischen Improvisation einige Probleme aufgegeben. Trotz Mimi Scheiblauers Begabung, oder vielleicht gerade deswegen, war es für sie nicht einfach, den Schülerinnen entsprechende Anleitung zu geben. Bei Gustav Güldenstein, einem Dalcroze-Pädagogen und Musikwissenschaftler, holte sie sich die theoretischen Voraussetzungen, um einen möglichst verständlichen Aufbau in Form von klaren «Mustern» weitergeben zu können, die jeder nach seinen Fähigkeiten in einfachen, aber musikalisch geschlossenen Formen verwenden konnte. Solche Muster sind u. a. kleine rhythmische Motive im Fünftonraum, Quintenbegleitung zu kindlichen Melodien (z. B. im Sextumfang mit fallenden Terzen), Melodien aus der Tonleiter, Sequenzen, Kadenzen, Improvisation auf den schwarzen Tasten.
Je mehr sich Mimi Scheiblauer in die Beobachtung der seelischen Auswirkungen von Tonstufen, Zusammenklängen und Rhythmen vertiefte, desto deutlicher empfand sie die Verantwortung des improvisierenden Erziehers: *Der Lehrer kann sich der Musik nicht einfach bedienen. Er muß wissen, daß die Gesetze, die ihr innewohnen, auf den Schüler ihren Einfluß nehmen.*
In diesem Sinn äußert sich auch Professor F. Haider in einem Aufsatz: «Man muß das eigene Können abschätzen, darf sich nicht übernehmen. Zur Entwicklung der Improvisation gehört die spielerische Verarbeitung der Motive, die Mimi Scheiblauer immer einprägsam wiederholen läßt. Darin aber sucht sie eine Leichtigkeit des Eingelernten zu erreichen, die das bloße Angelerntsein vergessen macht. In dieser Art des Improvisierens wird ersichtlich, daß das spontane Schaffen einer großen geistigen Vorarbeit bedarf, um das im Augenblick Einströmende zu meistern.»*
Immer überzeugter vertrat Mimi Scheiblauer den Standpunkt, daß für den ganzheitlichen Unterricht Improvisation der Interpretation in jedem Fall vorzuziehen sei. Musik und Bewegung bleiben nur gleichwertig, solange beide spontane Äußerungen sind. «Wenn Mimi Scheiblauer improvisierte, wurde sofort klar, daß ihr Improvisationsimpuls aus der Bewegung der Klasse kam, wobei sich die

Töne oft sogar deutlich mit einem bestimmten Schüler befaßten», berichtet eine Hospitantin.

Neben den Studien und der praktischen Arbeit im engeren Sinn erarbeitete Mimi Scheiblauer mit ihren Schülern – vorerst noch ganz der Dalcroze-Schule verhaftet – Tanzspiele und Tanzszenen.

Die Krönung dieser Aufführungsreihe bildete das Festspiel im Juni 1927, bei dem alle Schüler mitwirkten. Es setzte sich zusammen aus Kinderliedern, reigenähnlichen Tänzen, einfachen Ausdrucksstudien und pantomimischen Themen.

Diese vielbeachtete Aufführung war aber nicht nur Höhepunkt und Abschluß einer Arbeitsepoche, sondern zugleich Anfang einer neuen Schaffensperiode. Hans Zimmermann, der spätere Regisseur und Theaterdirektor, welcher das Jugendfestspiel leitete, erkannte die Möglichkeiten der musikalisch-rhythmischen Körpersprache für das Theater. Der Theaterchor der damaligen Zeit war wohl gesanglich geschult, ermangelte aber einer differenzierten, von der Musik getragenen Bewegungsskala. Er stand, hauptsächlich in bewegten Szenen, eher als Fremdkörper im organischen Ablauf des Geschehens. Mimi Scheiblauer ließ – geleitet vom handlungsmäßigen und musikalischen Gang einer szenischen Gegebenheit – die Formen entstehen aus dem Erleben, Erfinden und Gestalten ihrer Schüler, bis sich eine endgültige Lösung herauskristallisierte. «So entstanden in den folgenden Jahren verschiedene Festspiele. Es waren zum Teil Stücke ohne Worte, alles nur durch Bewegung ausgedrückt, ein Wagnis in der Zeit, das auch für ungeschulte Menschen zum Erlebnis werden konnte», schreibt Bice Scheitlin-Hartmann im Jahr 1969.

Der soziale Aspekt der Festspielaufführungen war für Mimi Scheiblauer stets von grundlegender Bedeutung: *Große Festspiele tragen den Gedanken der Erziehung durch Musik ins Volk – und immer wieder neue Aufgaben an mich heran. Das gibt mir Anregung und Mut. – Mit fünfhundert unvorbereiteten Arbeiterkindern habe ich mit einfachsten Mitteln gearbeitet, zur Freude und Begeisterung aller,* meldet sie 1930 einer deutschen Freundin.

Daneben gestaltete sie selbständige Tanzschöpfungen, großangelegte Bewegungschöre in Opernaufführungen und andere interessante Experimente. Linda Bach, die Tochter der befreundeten Musikerfamilie, schrieb damals an Mimi: «Ich habe das bestimmte

Gefühl, daß Du durch diese greifbare Verinnerlichung künstlerischer Werte festen Grund und Boden gewonnen hast, von welchem Dich nichts und niemand mehr vertreiben kann.»
Im engen Zusammenwirken mit Hans Zimmermann entstanden seit 1932 die Choreographien zu verschiedenen Opern. Mimis Art der Mitwirkung war völlig unkonventionell: Hans Zimmermann konnte einem Theaterchor nicht zumuten, zu singen *und* zu agieren. Um seine Idee der durchgestalteten Oper dennoch zu verwirklichen, versuchte er, durch Mimis Schülerinnen den Grundgedanken des griechischen Bewegungschors wieder aufleben zu lassen.
Der Entwicklungsstand des künstlerischen Tanzes, abseits des klassischen Balletts, repräsentiert durch Laban, Mary Wigman, Jooss und andere, erlaubte es, ganze Ballettpartien den Scheiblauer-Schülerinnen zu übertragen. Mimi choreographierte aus der Improvisation heraus. Da Hans Zimmermann den Singchor versenkt hatte, stellte die werkgetreue Übereinstimmung mit dem Bewegungschor auf der Bühne besonders hohe Anforderungen.
Obwohl sich solche Opernaufführungen in den dreißiger Jahren und anfangs der Vierziger in bemerkenswert kurzen Abständen folgten, war die Theaterarbeit nicht Mimi Scheiblauers eigentliche Berufung, sondern eine Etappe auf ihrer unermüdlichen Suche nach den neuen Wegen, welche die musikalisch-rhythmische Erziehung zu bahnen imstande war.
Erst seit 1951 gewann die Choreographie und Regiearbeit in stark abgewandelter Form nochmals Bedeutung für Mimi. 1951 bis 1954 erarbeitete sie mit den Studenten des Stifts Einsiedeln verschiedene musikalische Werke. Sie war dabei von der Herausforderung fasziniert, die es bedeutet, ausschließlich mit Knabenstimmen und -bewegungen zu arbeiten: *das Schönste an Arbeit, Hingabe und ausgeglichener Leistung,* notiert sie nach einer Aufführung im Tagebuch.
Als sie diese Aufgabe in jüngere Hände legen mußte, dankte ihr das Stift für ihr so uneigennütziges und unauffälliges Wirken. «Ich denke nicht einmal zuerst an den äußeren schauspielerischen Erfolg, sondern an die bildenden und erzieherischen Werte, die unsere jungen Leute aus Ihrer reichen Erfahrung und Ihrer selten hohen Gabe des Mitteilens aufnehmen durften«, lautet die Dankadresse von Pater Daniel Meier, O.S.B., vom 16. Februar 1951.

Theateraufführungen unter Mitwirkung von Mimi Scheiblauer

Tanzspiele:	nach Emile Jaques-Dalcroze
Tanzszenen:	Inventionen und Suiten von J. S. Bach «Ticinesi» nach Neapolitanischen Volksliedern «Les Peties Riens» von W. A. Mozart «Kinderszenen» von Robert Schumann «Ballszenen» von Schumann «Arlésienne-Suite» von Georges Bizet Concerto grosso von G. F. Händel Alcina-Suite von G. F. Händel Ballett von K. H. David Stücke (Marche – Valse – Polka – Andante – Napoletana – Balalaika – Española – Galop) von Igor Strawinsky Suiten aus «Banchetto musicale» von Hermann Schein «Bergerettes et Pastourelles» (u. a. als Freiluftaufführung im Rieterpark Zürich) «Tanzabend durch die Antike» (mit Referat und ägyptischen und griechischen Tänzen) Pastorale, Corrente, Air, Gavotte von P. Zipoli «Les folies françaises» von François Couperin Ferner seit 1912 ungezählte kleine Aufführungen und Tanzspiele in öffentlichem und privatem Rahmen.
Festspiele:	1927 Jugendfestspiel im Stadttheater Zürich (Uraufführung) von K. H. David und Dora Bürke 1930 Festspiel am Kantonalen Turnfest in Altstetten/Zürich unter dem Titel «Festlicher Sonntag» 1933 Festspiel am Kantonalen Turnfest, Kreuzlingen, mit über tausend Mitwirkenden 1936 Neuinszenierung des Jugendfestspiels für Bern 1937 Kantonales Musikfest, Zürich-Oerlikon (Kinderaufführung)

1938 Jugendfestspiel am Aargauer Schützenfest in Lenzburg
1938 Schweizer Heimatabend anläßlich des Internationalen Jugendherberge-Kongresses in Baden
1939 «Annebäbi lüpf der Fuess» für die Landesausstellung in Zürich, mit fünfhundert Mitwirkenden
«Sommerfeste» im Beckenhof, Zürich (undatierbar)
1947 (nach Unterbrechung durch den Krieg) Kantonales Musikfest in Mellingen

---

Opern und andere große Werke seit 1932:

«Idomeneo» von W. A. Mozart (Strauss-Wallenstein)
«Die Zauberflöte» von W. A. Mozart
«Der Freischütz» von C. M. v. Weber
«Die Schwarze Spinne» von Heinrich Sutermeister
«Romeo und Julia» von Heinrich Sutermeister
«Orpheus und Eurydike» von Ch. W. Gluck (zum hundertjährigen Jubiläum der Zürcher Universität)
«Alceste» von Gluck (Zürcher Juni-Festwochen)
«Doktor Faust» von Ferruccio Busoni
«Tanzlegendchen» von Pierre Morice nach Texten von Gottfried Keller
«Amphion», Melodrama von Paul Valéry und Arthur Honegger (Junifestwochen 1951)
«Fausts Verdammung» von Hector Berlioz
«Moses und Aron» von Arnold Schönberg (Erstaufführung)
«Das schlaue Füchslein» von Leoš Janáček
«Venus» von Othmar Schoeck
1944 «Drei Märchen» zu Gunsten des Roten Kreuzes:

- «Der Fischer und sy Fru» (Musik nach C. M. v. Weber)
- «Schwan, kleb an», gespielt von Taubstummen
- «Der Rattenfänger von Hameln», getanzt von allen vier- bis fünfundzwanzigjährigen Schülern, begleitet durch englische Volkstanzmusik

Aufführungen im Stift Maria Einsiedeln:	1951	«Spanisches Hoffest» zu Ehren des Fürstabtes
	1951	«Orpheus und Eurydike» von Ch. W. Gluck
	1952	«Salomon» von G. F. Händel
	1953	«Le Roi David» von Arthur Honegger
	1954	«Der Igel als Bräutigam» von Cesar Bresgen (zur Fastnacht)

Diese Liste geht auf Mitteilungen von Schülern zurück. Sie kann nicht als vollständig angesehen werden.

7
Drittes Seminar 1929 / Ferienkurse in Ägeri

Am dritten Seminar nahm erstmals ein junger Mann teil. Wie in den voraufgegangenen Seminarien kamen die Studenten fast ausschließlich von der Musik her. Sie gerieten aber in die «Theaterphase» von Mimi Scheiblauer und wurden durch die Arbeit am Theater selbst für das Theater begeistert und für den Tanz interessiert. In der Klasse formierte sich eine Tanzgruppe, die in ihrer Freizeit bei vielen Anlässen auftrat. Da sich im Verlauf der Arbeit hinsichtlich der Tanztechnik einige Mängel zeigten, wurden Ballett und Ausdruckstanz neu in die Ausbildung eingebaut. Diese Fächer nahmen so viel Zeit in Anspruch, daß der tägliche Arbeitsbeginn zeitweise auf sieben Uhr früh vorverschoben werden mußte.
Doch auch in der Zeit intensivster Theaterarbeit lag das Hauptgewicht auf denselben Fächern, wie in den bisherigen Seminaren, und auf den diese ergänzenden Praktika. Mimi nahm jede Gelegenheit wahr, ihre Schüler – im Vertrauen auf deren vollen Einsatz – möglichst bald in die Praxis einzuführen. Damit niemand Gefahr lief, in eine Schablone zu geraten, sorgte sie dafür, daß alle unablässig Vergleichsmöglichkeiten hatten mit Schülern jeden Alters und jeder Entwicklungsstufe. *Nur das eigene Erleben zählt,* sagte sie. «Ich lernte meine Kräfte anzuspannen, wurde mir meiner Möglichkeiten bewußt, erkannte aber auch meine Grenzen ...», erinnert sich eine Studentin.
Wo sich die angehenden Rhythmikerinnen unbetreut fühlten, litten sie meist an einem schmerzlichen Vorgang der Selbsterfahrung, den ihnen ihre Lehrerin bewußt vermittelt hatte, um sie auf dem schwierigen Weg der Ich-Findung einen Schritt weiter zu führen. So lag ab und zu bei Stundenbeginn ein Zettel auf dem Flügel mit dem Auftrag an eine bestimmte Schülerin, mit dem Unterricht zu beginnen, die Lehrerin komme etwas später, aber die für die Stunde vorbereiteten Notizen lägen bei. (Diese bestanden dann aber nur aus ein paar Hinweisen und einigen Notenbeispielen.) So forderte Mimi Scheiblauer die Improvisationsgabe der Schülerin heraus.
Mimi verfügte über eine ausgeprägte Fähigkeit, zu erkennen, wer sich für bestimmte Aufgaben eignete. Dank diesem Gespür verliefen

auch die Praktika mit Blinden, Taubstummen oder Schwererziehbaren fast ausnahmslos erfolgreich. Damit indessen das Gefühl für die Normen gewahrt bleibe, sah man bei der Einteilung darauf, daß die Studentinnen nach Möglichkeit nicht nur mit Behinderten, sondern auch mit Gesunden Erfahrungen sammeln konnten.

Das Studium bei Mimi Scheiblauer wäre bedeutend einfacher gewesen, hätten die Schüler sich an ein Skript halten können. Doch sie lehnte dies ab: *Die Sache ist im Wachsen, im Wandel, wie alles Lebendige. Ich kann mich nicht festnageln. Rhythmik ist eine Lebenshaltung, allenfalls ein Erziehungsprinzip ... Wenn ich heute unterrichten würde wie vor einem Jahr, wäre ich stehengeblieben.*

Das Seminar nahm auch am ersten Ferienkursus in Ägeri vom Herbst 1932 teil. Die ursprünglich in Flims geplanten jährlichen Veranstaltungen fanden etwa zehn Jahre lang im Hotel Seefeld in Ägeri statt. Lehrern und Kindergärtnerinnen, Musikpädagogen sowie Freunden der neuen Sing- und Spielbewegung sollten darin die vielfältigen Möglichkeiten und Wirkungen der Rhythmik vorgeführt werden: Rhythmik, erteilt durch Mimi Scheiblauer, und Gymnastik am frühen Morgen hatten die Aufgabe, Kopf und Körper frisch zu machen. Anschließend befaßte man sich mit bestimmten Themenkreisen wie der Verwendung von Bambusflöten im Unterricht, Animationsübungen oder tänzerischem Gestalten von Rezitation. Man baute Bambusflöten in verschiedenen Tonlagen, später außerdem Querflöten, Trommeln und Xylophone.

Emil Frank führte über den Atemrhythmus in die Stimm- und Sprechtechnik ein. Der Musiker und Musikschriftsteller Ernst Hörler demonstrierte die damals moderne Tonika-Do-Methode. Der Maler Max Bucher befaßte sich mit dem Thema «Rhythmus, Klang und Malerei» und ließ nach der Methode, die der Wiener Kunstpädagoge Oskar Rainer in den zwanziger Jahren entwickelt hatte, Akkorde, Melodien, ja ganze Musikerlebnisse in Farben und Linien umsetzen. Dies waren um die Wende zu den dreißiger Jahren umwälzende Ideen auf dem Gebiet der Kunsterziehung. Mimi Scheiblauer baute diese neuen Möglichkeiten in ihren Unterricht ein. Mit solch musikalischer Graphik beteiligte sich ihre Schule in der Folgezeit auch an Ausstellungen im Pestalozzianum Zürich.

8
Viertes Seminar: «Tanzseminar»

Eine große, heterogene Klasse war dieses vierte Seminar: Diametrale Gegensätze an Vorbildung, Temperament und Interessen galt es ebenso zu überwinden wie den beachtlichen Altersunterschied von bis achtzehn Jahren zwischen den Ältesten und den Jüngsten.
Als Neuerung im Stundenplan ersetzte Mimi Scheiblauer, die alles rein Theoretische beargwöhnte, die Lektion «spezielle Pädagogik» durch den stärker praxisbezogenen «Diskussionsvormittag». (Im nächsten Semester kam man wieder auf die Lektionen zurück; Pädagogik wie Methodik und Psychologie wurden dafür mehr in die Fachstunden eingebaut.)
Schwierigkeiten im Unterricht, allgemein berufliche Probleme, zuweilen auch ganz persönliche Anliegen sollten in der Diskussionsrunde zur Sprache kommen: «Kann eine verheiratete Frau einen Beruf ausüben?» «Darf man mit geschminkten Lippen oder auffallender Kleidung Kinder unterrichten?» «Heiraten aus Bequemlichkeit?» «Hat der Mann mehr Autorität? Wenn ja, warum?» hießen die in den frühen dreißiger Jahren hochaktuellen Themen, die manchmal hitzig debattiert wurden. Nicht immer herrschte Friede in der Klasse. Einige schmollten oder opponierten, andere fühlten sich hintangesetzt. Mimi Scheiblauer hielt es für ihre Pflicht, zu den ihr Anvertrauten Distanz zu halten. Demgemäß empfahl sie auch den Studentinnen: *Zieht nie ein Kind an euch, respektiert stets den Vorrang der Mutter*. Gleichzeitig vertrat sie aber die Meinung, daß das Wirken einer Frau im rein Geistigen dem der leiblichen Mutter ebenbürtig sei. Eine sehr kühne Auffassung in einer Zeit, in der man den Einfluß der Mutter über alles stellte!
Im Unterricht drängte sie bewußt die mütterlich-menschliche Wärme in den Hintergrund und ließ ihre rein erzieherische Seite dominieren. In ihrem Bestreben, alle genau gleich zu behandeln, faßte sie die ihr am nächsten Stehenden oft sogar am härtesten an. Ihr Wort, man müsse jeden den eigenen Weg gehen lassen, war nicht bloß Theorie. Sie mischte sich nie ungefragt in die Privatangelegenheiten ihrer Schülerinnen, obwohl sie sich in Gedanken intensiv mit jeder einzelnen auseinandersetzte. Wandte sich aber jemand in

Schwierigkeiten an sie, setzte sie sich – ohne Rücksicht auf ihre eigene Zeit und Kraft – voll für den Ratsuchenden ein. Ihrer herben Art gemäß allerdings ohne jede Sentimentalität.
Wo Mimi Scheiblauer außerhalb des Konservatoriums auch unterrichtete, in Kindergärten, Förderklassen, Blinden- und Taubstummenheimen, in der Psychiatrischen Klinik, in Mädchenheimen und bei Schwerbehinderten, überall war die eine oder andere interessierte Schülerin als Hospitantin dabei, verfolgte den Aufbau der Lektion oder eines Semesters und konnte beobachten, wie Mimi Scheiblauer auf die Schwierigkeiten der Schüler einging, wie sie Jahreszeiten, Wetterströmungen, lokale Ereignisse mit einbezog. Gelegentlich vertrat die Hospitantin die Lehrerin, später übernahm sie die Kurse meist ganz. Dadurch wurde Mimi für neue Aufgaben frei, war aber auch weiterhin bereit, jederzeit einzuspringen, wenn berufliche Weiterbildung oder gesundheitliche Gründe dies notwendig machten.
Unter der Leitung von Albert Wydler hatte Mimi Scheiblauer schon 1915 bis 1922 den Töchterchor Außersihl am Klavier begleitet und für Vereinsabende Reigen einstudiert. 1925 hatte sie den Dirigenten vertreten. 1926 bis 1939 lag die Chorleitung in ihren Händen, allerdings unter der Bedingung, nie an einem Sängerfest teilnehmen zu müssen, denn sie lehnte den Leistungs- und Bewertungsgedanken bei solchen Veranstaltungen ab. Sie dirigierte leidenschaftlich gern und hatte eine für die damalige Zeit ungewöhnliche Art, Konzerte zu veranstalten: Auf offener Bühne wurde vollständig auswendig gesungen, entgegen dem Brauch, Noten zu benützen. Damit erreichte sie ein freies und eindringliches Musizieren. Sehr eindrucksvoll waren die Abendmusiken: In grauen Umhängen sang der Chor, von den Rhythmikerinnen mit sparsamen Bewegungen begleitet, alte, unbekannte Weisen.
Gelegentlich wanderten die jungen Leute über Land und erfreuten da und dort die Bewohner von Heimen mit ihrem Gesang. Diese frohen Ausflüge wurden in den Weltkrisenjahren zu einer echten sozialen Aufgabe für die Dirigentin. Indem Mimi den Arbeiterinnenchor für Festspiele beizog, andererseits ihre Schülerinnen bei Aufführungen im Volkshaus mitwirken ließ, half sie Spannungen zwischen den verschiedenen sozialen Ständen abbauen, denen die beiden Gruppen

angehörten. Mit großem Einsatz organisierte man auch gemeinsame Feste, Kränzchen genannt. Unter einem Motto wie «Biedermeierfest», «Tessinerfest», «Sur le pont d'Avignon» wurde gesungen, Flöte gespielt und vor entsprechendem Hintergrund in selbstgenähten oder zusammengeborgten Kostümen getanzt.

Mimi Scheiblauer war jedesmal froh, wenn der Abend harmonisch zu Ende gegangen war und sie ihren Glauben an das Positive bestätigt fand. Denn in den harten dreißiger Jahren war es keine Kleinigkeit, Herzen zu bewegen. Um den Menschen, die ihren inneren und äußeren Schwierigkeiten nicht gewachsen waren, Hoffnung zu geben, begann Mimi Scheiblauer, mit dem Töchterchor und ihren Schülerinnen Adventsfeiern zu gestalten. Im Zentrum standen Krippenspiele. Mit Musik und Bewegung, teilweise ohne Text, wurde das Heilige Geschehen dargestellt. Auch die Kostümierung war in unüblicher Weise nur angedeutet. Diese Spiele wurden dann an verschiedenen Orten mehrmals aufgeführt, woraus sich eine jahrelange Adventstradition entwickelte.

Etwa in die gleiche Zeit fallen die Anfänge der Volksklavierschule. Damit wurden auch Rhythmikkurse möglich in Außersihl und anderen Randquartieren der Stadt Zürich. Musik sollte, wie die Literatur, allen zugänglich sein, nicht nur einer Elite. Mimi setzte sich ein für die Chancengleichheit der Kinder, für die Selbständigkeit der Frauen, lange bevor aus diesen Forderungen Schlagworte wurden.

Wegen der häufigen Auftritte am Stadttheater trug das vierte Seminar den Namen «Tanzseminar». Man stand neben damals weltberühmten Künstlern auf der Bühne, sei es Alexander Moissi im «Amphion», Sigrid Onegin im «Orpheus» oder später Kirsten Flagstad in «Alceste»; oder mit späteren Stars wie die noch kindliche Maria Becker neben Heinrich Gretler in «Johanna auf dem Scheiterhaufen» mit dem Komponisten Arthur Honegger am Dirigentenpult.

Von verschiedenen Theaterdirektoren sind Dankesschreiben erhalten, die den wesentlichen Anteil der Rhythmikschule am Erfolg ihrer Stücke betonen. Mimi Scheiblauer war bekannt geworden und wurde überall als Ehrengast gebeten. Nicht nur Musiker, auch Autoren und sogar bildende Künstler erbaten sich ihren Rat. Wieder einmal stand sie an einem Höhepunkt ihres Lebens. *Ich bin in einem eigentümlichen Wandel; alles, wonach ich zeit meines Lebens gestrebt, kommt nun so ohne Zutun, kommt so reich, daß ich ganz überwältigt werde und nur immer schauen muß, meine Kräfte zusammen zu behalten und mich nicht zu zersplittern.**

Anscheinend hatte sie ihre Kräfte dennoch überschätzt; 1931 mußte sie sich einer Operation unterziehen, erstmals machten sich auch Beinbeschwerden bemerkbar, welche ihr zeitlebens zu schaffen machen sollten. So drängte sich zum ersten Mal ein verlängerter Urlaub auf. Es ist charakteristisch für die damalige Mimi Scheiblauer, daß sie Tage später schon wieder schreibt: *Herr, Gott, wie schön ist das Dasein nach Ruhetagen.**

Immer mehr bedrückten sie indessen die politischen Verhältnisse. Wieder bangte sie um ihre deutschen Freunde. Doch auch die Situation in der Schweiz bereitete ihr Sorgen: *Hunger haben wir weniger in der Schweiz, aber die ideellen Schwierigkeiten sind auch schlimm... Gute Fabriken sind geschlossen. Die Geld hatten, werden arm, die gut bezahlten Arbeiter haben kein Interesse an Kultur und Kunst. Alles treibt in eine ungeheure Oberflächlichkeit hinein...*

*Noch nie war ich mir der ungeheuren Verantwortung, die auf Erziehern und Pflegern liegt, so bewußt, wie jetzt. Wir sollten nie müde werden, nie den Mut sinken lassen, nie eine schwache Stunde haben. Denn in solchen Momenten fallen alle, die auf uns schauen, wieder zurück in den alten Schlamp.** Sie empfand mit größter Intensität die Not zwischen den beiden Weltkriegen. Sie fühlte sich aufgerufen zur Mitarbeit an einer menschlicheren Welt. *Über sich hinauskommen, über sich hinwegsehen, sich selber als nicht wichtig anschauen, wie schwer dies zu lernen und wie absolut notwendig ist diese Erkenntnis, sonst kann man doch überhaupt nicht mehr leben in dieser Zeit.** Diesen Gedanken sollte sie in Paul Hindemiths «Mathis der Maler» bestätigt finden: *Wir sind die Wegbereiter einer neuen Welt.* Er mag wesentlich zu ihrer Begeisterung anläßlich der Uraufführung 1938 in Zürich beigetragen haben.

Über Jahre lag im Rhythmiksaal von Mimi Scheiblauer ein Gästebuch auf. Musiker, Pädagogen, Ärzte, führende Persönlichkeiten aus Universitäten, Kirchen und Klöstern trugen sich im Laufe der Zeit darin ein. Menschen aus aller Welt, von Ägypten und Israel bis England, von Südamerika bis Island, fanden sich hier ein, um von dieser Frau zu lernen.

Eine der ersten war Mlle. Marty, die Leiterin eines Heims für geschädigte Kinder in Lyon. Sie beschloß, dort die Rhythmik einzuführen und verpflichtete gleich zwei Neudiplomierte aus dem vierten Seminar. In dem ehemaligen Kloster lebten psychisch und physisch Behinderte zusammen. Der Arzt, der sie medizinisch betreute, begrüßte die Rhythmikerinnen: «Machen Sie, was Sie wollen; verderben können Sie nicht viel.» Gemessen an den Verhältnissen in den staatlichen Heimen waren die Kinder gut betreut, die Lebensbedingungen für die Rhythmikerinnen aber ungewohnt: «Die Eisenbetten auf Steinböden, die Läuse, Wanzen, Tausendfüßler und die vielen Mäuse machten uns schon zu schaffen.» Dennoch hatten die Rhythmikerinnen Erfolg, und bis die kriegerischen Auseinandersetzungen im Zweiten Weltkrieg den Beziehungen ein Ende setzten, war stets eine Kollegin in der «Maison de Reéducation» an der Arbeit.

9
Fünftes Seminar / Musik- und heilpädagogische Kongresse

Das fünfte Seminar kannte man auch als das «Pädagogische». Zu dieser Zeit war – zwar nicht äußerlich – Mimi Scheiblauers Theaterphase abgeschlossen. Während all ihren Jahren intensivsten künstlerischen Engagements neben ihrem Lehrauftrag am Konservatorium hatte sie ohne Unterbrechung als Dozentin am Heilpädagogischen Seminar und in der Taubstummenanstalt Zürich gewirkt.
Zur Feier der bestandenen Abschlußprüfung nahm sie 1936 mit dem ganzen Seminar am ersten Musikpädagogischen Kongreß in Prag teil, der mit Delegierten aus zweiundzwanzig Ländern beschickt war. Die Organisation oblag Leo Kestenberg, der im Auftrag der 1934 gegründeten Gesellschaft für Musikerziehung handelte.
Den Darbietungen der Zürcher war ein enormer Erfolg beschieden. Eine Teilnehmerin schrieb: «Durch das natürliche Singen, Tanzen und Flöten ohne Dirigent hielten wir uns hoch über den anderen Darbietungen. Alle anderen standen wie eh und je stramm und hingen mit den Augen am Taktstock.»
Mimi Scheiblauers persönlicher Gewinn aus diesem Kongreß lag im herzlichen Einvernehmen mit Professor Kestenberg, das nach dessen eigenen Worten «alle Irrfahrten, Emigrationen und Krankheiten» überdauerte. Der spätere Ehrenpräsident der Internationalen Gesellschaft für Musik-Erziehung in Tel Aviv war bei seinem Besuch in der Schweiz 1937 von Mimi Scheiblauer dermaßen beeindruckt, daß er zu einem gemeinsamen Kongreß der Musik- und der Heilpädagogen nach Zürich einlud. Mimi wirkte bei der Organisation mit und war glücklich über die Möglichkeit, ihre Erkenntnisse einem breiten Publikum zugänglich zu machen. Sie sollte fünfzig Delegierten aus vierzehn Staaten und einer Großzahl von Musik- und Heilpädagogen aus den jeweiligen Tagungsorten die Wechselwirkungen zwischen moderner Musikerziehung und Heilpädagogik aufzeigen.
Professor Kestenberg schreibt am 22. August 1938: «Ich werde immer mehr gewahr, wie stark die Schweizer Eindrücke meine musikerzieherischen Ideen beeinflussen und verändern. Als wichtigstes Ergebnis erkenne ich durch die intensive Berührung mit Anormalen die Nötigung zur Demut.»

Ein dritter internationaler Kongreß – diesmal ausschließlich für Heilpädagogik – fand erst nach dem Krieg, 1954, in Wien statt. Wiederum war Mimi Scheiblauer eingeladen, ihre Arbeit zu demonstrieren. Mit folgendem Votum führte sie ihre Lektionen ein (Auszug):

Wodurch kann Musik und Bewegung den Menschen erziehen? Die Musik besteht aus vier Elementen: den Elementen der Zeit, der Kraft, des Klanges und der Form. Jedes hat eine besondere erzieherische Bedeutung. Mit dem Zeitlichen in der Musik schulen wir das motorische Nervensystem, mit dem Dynamischen (Kraft) regen wir die Ausdruckskräfte, also das Schöpferische an. Der Klang wirkt auf das Seelische, und die Form beeinflußt und ordnet das Geistige im Menschen.

Es ist ohne weiteres klar, daß sich die Elemente der Zeit, der Kraft und der Form auch in der Bewegung finden. Dem Außenstehenden schwer verständlich ist jedoch die Beziehung zwischen Bewegung und Klang. Darum sei in wenigen Worten darauf hingewiesen, daß die Klanghöhe der Lage der Bewegung (z. B. tiefer Klang – tiefe Bewegung) entspricht.

Musik und Bewegung haben also dieselben Elemente. Setzen wir sie in Wechselbeziehung, so erhöhen wir dadurch ihre Wirkung. Allerdings muß gesagt sein, daß kein Element allein auftreten kann. Jedoch ist es möglich, das eine oder andere stärker hervortreten zu lassen, wodurch eine besondere Wirkung, sei es auf das Motorische, das Schöpferische, das Seelische oder das Geistige ausgeübt werden kann.

Wohl braucht die Tatsache, daß kein Mensch ohne Bewegung auskommen kann, nicht besonders betont zu werden. Hingegen ist für viele die Beziehung zur Musik keine Selbstverständlichkeit, und doch ist die Musik der Ausdruck des Seelischen und gehört ebenso zum Menschen wie die Bewegung. Bei sogenannten «unmusikalischen Menschen» ist die Beziehung zur Musik gestört oder noch nicht hergestellt. Gestört kann sie vor allem durch ein Zuviel an Lärm wie auch an Klang sein, sowie durch Unverstand der Mitmenschen, wodurch musikalische Minderwertigkeitsgefühle hervorgerufen werden können.

Wir haben festgestellt, daß Musik und Bewegung wegen der gleichen

Elemente wesensverwandt sind, wodurch bei der richtigen Wahl der Musik erzieherische Beeinflussung möglich wird. Um die richtige Wahl treffen zu können, muß der Erzieher einerseits wissen, daß jede Stilepoche der Musik ganz bestimmte Wirkungen auslöst. Andererseits ist zu bedenken, daß jede Entwicklungsstufe des Menschen ihrer besonderen Musik bedarf. So sollte das Kleinkind nur mit melodisch einfacher, also einstimmiger Musik und einfachen Rhythmen in Berührung kommen.

Es könnte an vielen Beispielen gezeigt werden, daß auch Tonarten und Tongeschlechter bestimmte Wirkungen hervorrufen. Gewisse Geisteskranke etwa reagieren mit Abneigung auf As-dur, Kleinkinder bewegen sich am lockersten zu Musik in den Kreuz-Tonarten.

Von besonderer Bedeutung ist auch der Rhythmus, der in großer Linie fließend beruhigend wirkt, aber, in kleine Motive aufgeteilt, aufreizend wirkt.

Natürlich muß dem Menschen die Gelegenheit geboten werden, durch Bewegung die empfangenen musikalischen Eindrücke sichtbar werden zu lassen, was mit Hilfe von bestimmten Übungsgruppen geschieht.

Die Tatsache der erzieherischen Beeinflussung durch Musik und Bewegung kann ich aus einer vierzigjährigen Arbeit mit Tausenden von normalen und anormalen Menschen verschiedenen Alters bestätigen.

10
Letzte Lebensjahre der Mutter

Kurz vor dem zweiten Kongreß war eine Freundin der Familie nach Amerika gezogen und hatte Mimi Scheiblauer und ihrer Mutter die möblierte Villa am See in Zollikon bei Zürich zur Verfügung gestellt. Nach reiflicher Überlegung gaben die beiden Frauen ihre bisherige Wohnung auf und zogen am 14. September 1937 in das prächtige Haus mit seinem Garten. Mimi Scheiblauer stellte eine Haushälterin ein und ließ ihren alten Traum von einer Rhythmikfamilie wieder aufleben, den sie Jahre später in Chandolin zu verwirklichen suchen sollte.

Die oft eingeladenen Studentinnen durften im Garten proben, baden, mit der Gondel auf den See hinausfahren. Dank Mimis Großzügigkeit fühlten sich bei ihr nicht nur jene wie zu Hause, die ganz hier wohnen durften. Zum Ausgleich machten sie sich manchmal im Haushalt nützlich.

Mimis Mutter war der vielen Unruhe nicht mehr gewachsen. Schon früher war ihre Gesundheit zu Zeiten sehr labil gewesen. Nun, im Nebel und am Wasser, fühlte sie sich den ganzen Winter über krank. Im Juni 1943 wurde zwar der neunzigste Geburtstag noch großartig gefeiert, aber ihre Kräfte ließen zusehends nach. In jenen letzten Tagen führten Mutter und Tochter bedeutende Gespräche, die sie auf einer ganz neuen Ebene eng verbanden. Das Sich-Lösen vom Körperlichen und das Über-sich-Hinauswachsen des ihr so nahe stehenden Wesens bewegten Mimi sehr. Sie empfand, was ihr die sterbende Mutter mitgab, als großes Geschenk und nahm es dankbar an.

So harmonisch das Zusammenleben bis zum Tod der Mutter auch geblieben war, die Führung des großen Haushaltes wurde neben der beruflichen Inanspruchnahme mit der Zeit eine Belastung für Mimi Scheiblauer. So blickte sie schließlich der Rückkehr der Hauseigentümer im Jahre 1946 mit Erleichterung entgegen.

Den Einzug in die Zollikoner Villa vor neun Jahren hatten die «Albisbrunner» Buben besorgt. Da man in ein vollständig eingerichtetes Haus kam, hatten sie Mimis Möbel und Geschirr mitnehmen dürfen. Sogar die liebevoll gehüteten Puppensachen waren an Heime verschenkt worden. So fand sich Mimi bei der Rückkehr der Hausherrin plötzlich ohne Wohnung und mit ganz wenigen persönlichen Möbelstücken. Provisorisch richtete sie sich mit dem Allernotwendigsten im zweiten Rhythmiksaal ein. Fast niemand wußte, daß sie – ganz auf das Wesentliche zurückgeworfen – dort fast ein Jahr lang bis Juni 1947 lebte. Es war eine Zeit, die als Loslösungsphase von allem Äußerlichen große Bedeutung für ihr Leben gewann.

Im Sommer 1947 zog sie in die Dachwohnung an der Klosbachstraße 73 in Zürich-Hottingen, die ihr für ihr ganzes weiteres Leben Stille und Geborgenheit bieten sollte. Weiße Spitzenvorhänge ließen das Himmelslicht ungehindert in die Wohnung fluten. Ihren Flügel, ihre Büchergestelle, ihre Schlafstätte umgab sie mit Erinnerungstücken an ihre Eltern und an liebe Schüler: vor allem Kinderzeichnungen, die sie zeitlebens faszinierten. Alles war mit großem ästhetischem Sinn geordnet und gepflegt. Im trauten Gespräch gestand sie, Mama hätte stets «hinter ihr aufgeräumt», was sie oft als überflüssig und lästig empfunden habe. Nun, da die Mutter nicht mehr lebe, habe sie erkannt, daß auch ihr die Ordnung ein Bedürfnis sei. Sie sei kaum mehr imstande, an einem unaufgeräumten Schreibtisch einen Brief zu schreiben.

In dieser Atmosphäre führte sie ein beinahe klösterliches Leben. Es gab weder Telefon noch Radio, geschweige denn Fernsehen. Früh ging sie schlafen, früh erhob sie sich und nahm sich Zeit für körperliche und geistige Konzentrationsübungen.

11
Freundschaften

Realistisch, aber tolerant sah Mimi Scheiblauer die Fähigkeiten und Mängel anderer. Eine Merkwürdigkeit gab jedoch immer wieder Rätsel auf, daß nämlich die Frau, die in pädagogischen Belangen ein so sicheres Urteil besaß, im persönlichen Bereich oft auf die falschen Menschen setzte. Bitter war dann die Enttäuschung, wenn die Erwartungen nicht erfüllt wurden.

Wer weiß, welch reiche, aber keineswegs problemfreie Jugend Mimi Scheiblauer verbracht hatte und wie intensiv sie ihrer Aufgabe lebte, versteht, daß ihr alltägliche Freundschaften unmöglich waren. Die Menschen, welche ihr nahe standen, waren meist solche, die ihr neue Impulse vermittelten oder ihre Ideen mit- und weitertrugen. Es waren also stets berufs- oder berufungsorientierte Beziehungen, denn die Konzentration auf eine Sache beinhaltet bewußten Verzicht auf Unwesentliches. Dies zwang sie früh, alles Gesellschaftliche hintanzustellen. Ihre Situation ertrug es nicht, daß irgend jemand Besitzansprüche an sie stellte.

Wohl hätte der eine oder andere diese Frau gerne für sich allein beansprucht, doch sie wollte frei sein für ihre Aufgabe und war bereit, die ganze Härte der Konsequenzen auf sich zu nehmen. Auf entsprechende Fragen ihrer Studentinnen pflegte sie mit einem rätselhaften Lächeln zu antworten: *Auch ich war einmal jung. Ich verstehe euch besser, als ihr glaubt. Meine Jugendliebe ist bei einem Autounfall ums Leben gekommen.* Und «eine andere Liebe wurde enttäuscht».*

Wohl säumte eine ganze Reihe schöner Freundschaften ihren Lebensweg, doch fühlte sie sich der Menschheit verpflichtet, nicht den Sympathien einzelner: *Jeder, der meinen Weg kreuzt, kann mir Aufgabe sein.* Sie war davon überzeugt, daß nichts im Leben, am allerwenigsten die Begegnung mit einem anderen Menschen, zufällig sein kann.

12
Spätere Seminare

Die Nachfrage nach guten Rhythmikerinnen war im Laufe der Jahre derart gestiegen, daß es nicht mehr genügte, alle fünf bis sieben Semester ein Seminar zu Ende zu führen. Die Lehrgänge mußten sich künftig überschneiden. Dies hatte den Vorteil, daß sich für jede Studentin ein ihrer Vorbildung und ihren persönlichen Zielen entsprechender, individueller Studienplan zusammenstellen ließ. Andererseits löste diese Neuerung den eigentlichen Klassenverband zum großen Teil auf. Dazu kam, daß die gemeinsamen festlichen Höhepunkte in Form von großen Aufführungen immer seltener wurden, mit der Zeit ganz fehlten. Weil die Pädagogik immer mehr in den Vordergrund trat, wurde der Tanz wohl noch gepflegt, aber nicht mehr im großen Rahmen der Öffentlichkeit.
Zum Ausgleich ließ sich Mimi allerlei einfallen: Singend begann man das Tagewerk – ein verbindendes Motto wurde über die Wochenarbeit gestellt – Studentinnen durften Mimi zu Kursen ins Ausland begleiten – fröhliche Bergferien in Chandolin wurden zur Tradition.
Dennoch schienen den Mädchen die Erzählungen der älteren Semester aus einer anderen Welt zu stammen: «Weißt du noch, wie wir damals, das ganze Seminar, an der Biberlinstraße Weihnachten feierten? Ein wunderschönes Bäumchen, eigenes Gebäck und für jede ein Päckchen standen bereit. Von zwei Damen in festlichen Roben wurden wir empfangen und wie ihre Kinder verwöhnt. Weihnachtliche Lieder und Flötenmusik umrahmten eine sinnvolle Lesung. Wir flüsterten uns schwärmerisch zu, daß *sie* dasitze wie die Urmutter Erde in ihrem schwarzgoldenen Theaterkleid. Herb und gut kam sie uns vor – wie lebhaft ich das alles noch sehe – Mimi hatte volles Verständnis für den fröhlichen Verlauf des Abends, der sich um sorgfältig ausgesuchte, mit neckischen Sprüchen versehene Kleinigkeiten rankte. Weißt du noch, mit wieviel Stolz wir das silberne Rhythmikabzeichen oder den Armreif auspackten, welche Fräulein Scheiblauer jeder von uns schenkte? – Damals war Mimi noch jung. Wir nahmen sie nicht all zu ernst und hatten es lustig mit ihr und unter uns ...»*

Zeiten und Menschen hatten sich geändert. Mimi Scheiblauer war älter, die jungen Menschen fordernder geworden. Nur wenige waren reif für den bedingungslosen Einsatz, der von ihnen erwartet wurde. So blieb beiden Seiten der Kummer nicht erspart. Vertrauten gegenüber zitierte sie in diesem Zusammenhang Goethe: «Der Alte verliert eines der größten Menschenrechte. Er wird nicht mehr von seinesgleichen beurteilt.»

Aus dem Bestreben, jedem eine Chance zu geben, ließ sich Mimi Scheiblauer dazu verführen, vereinzelt ungeeignete Studentinnen zur Ausbildung anzunehmen. «Für die Schüler konnte die Zusammenarbeit mit einem solchen Außenseiter zur schweren Belastung werden, denn Mimi Scheiblauer ließ zwar jedem seine Individualität, verlangte aber mit der gleichen Selbstverständlichkeit Verständnis für den Andersartigen. Obwohl die jungen Menschen das in sie gesetzte Vertrauen respektierten und später wohl auch ihren persönlichen Gewinn daraus erkannten, waren sie im Moment überfordert», berichtete eine Schülerin.

Die versuchsweise Reduktion der musikalischen Anforderungen hatte wohl auch soziale Gründe. Abgesehen von den Schwierigkeiten mit dem Konservatorium, das die Gewichtsverlagerung nach dem Pädagogischen hin ohnehin ungern sah, zeigte die Erfahrung bald, daß ein gutes musikalisches Rüstzeug unverzichtbar war für den Beruf der Rhythmikerin. (Deshalb konnte auch, trotz der engen Zusammenarbeit, nie eine Angliederung an das heilpädagogische Seminar in Frage kommen.)

Bereits 1946 trug sich Mimi Scheiblauer mit Plänen für ein internationales Erzieherzentrum. *Laßt uns hier in Zürich, in der Stadt Pestalozzis, diese Schule schaffen, welche vor allem in durchaus praktischer Weise den Pädagogen des In- und Auslandes zeigt, daß die Grundlagen für eine im Sinne Pestalozzis und unserer Zeit entsprechende Pädagogik bereits geschaffen sind und praktisch in Erscheinung treten. Diese Schule soll der schöpferischen Charakter- und Gemeinschaftsbildung dienen; sie soll die Initiative, die selbständige Beobachtung, das Verantwortungsbewußtsein wecken, soll die harmonische Entwicklung der körperlichen, geistigen und seelischen Anlagen fördern ...*

Der Grundstein, gelegt im Pestalozzijahr 1946, soll ein Zeichen der

Dankbarkeit sein, daß das Schweizervolk im Zweiten Weltkrieg seine Schulen offen halten durfte. Die Schule selber soll allen Pädagogen der Welt ein Ansporn sein, mitzuhelfen, daß den kommenden Generationen durch die Schule eine Ganzheit der Erziehung und Bildung übermittelt werde, lesen wir in einem Briefentwurf. Pädagogen aus der ganzen Welt würden dort in ständigem Kontakt untereinander zusammenarbeiten. Sie sollten jedoch auf Zeit angestellt sein und nach einigen Wochen oder Monaten durch Kollegen mit andern, neuen Ideen ersetzt werden. Dadurch wären ein lebendiger Erfahrungsaustausch und ständige gegenseitige Anregung gewährleistet gewesen. Auch die durch Professor E. Ferand, Laxenburg-Wien, angeregten, sehr konkreten Pläne für die Angliederung eines «Forschungsinstitutes der Musikerziehung» an das Zürcher Konservatorium zeugen von Aktivität auf diesem Gebiet.
Doch sie, wie auch das Gesuch für eine Reorganisation des Seminars 1961, fanden keine Zustimmung bei den Diplomierten der letzten Jahrgänge und wurden nicht weiterverfolgt. Die Ausbildung blieb im bisherigen Rahmen, wobei jedoch die musiktheoretischen Fächer stärker auf die Improvisation ausgerichtet waren als früher.
Der Stoffkatalog sah nun folgendermaßen aus:

Rhythmische Ausbildung: Studium des musikalischen Rhythmus, Ausbildung des Formensinns, der Raumbeherrschung und des Eigenrhythmus.

Musikalische Ausbildung: Solfège, Musiktheorie, Musikdiktat, Harmonielehre, Formenlehre, Musikgeschichte, Chorgesang.
Klavier, Bambusflöte, Improvisation, Herstellen von einfachen Instrumenten.

Körperbildung: Tänzerische Gymnastik, rhythmische Bewegung, Choreographie, Eutonie, Massage, Anatomie.

Pädagogische Ausbildung: Pädagogik, Entwicklungspsychologie, Heilpädagogik. Praktika in Kindergärten und Schulen. Heilpädagogische Assistenz in zwei oder mehr Wochenstunden und Betreuung eines behinderten Kindes während zwei Jahren.
Auch die thematisch wechselnden Kurse und Gastvorträge wurden weitergeführt.
Es war Mimi Scheiblauers Gewohnheit, sich am Ende einer Lektion einige persönliche Notizen zu machen. Meist waren es Beobachtun-

gen, die sie bei der Vorbereitung der nächsten Stunde verarbeitete: *Die Zuschauer sind müde. Die Kinder sind gut in den musikalischen Reaktionen. Zuhören mäßig, ebenso zuschauen. Ballfangübungen konnten nicht mehr gemacht werden. (Die meisten Teilnehmer haben nicht viel Bewegungsraum in der Klasse!)*

Mit äußerster Gewissenhaftigkeit bereitete sie jede Unterrichtsstunde einzeln vor und verließ sich niemals auf ihre praktische Erfahrung: *Jede Stunde muß ganz und neu erschaffen werden.* Sie präparierte jedoch nie kleinlich, sondern ließ stets noch Freiraum für Improvisation und Anregungen, die von den Kindern kamen.

Nach dem Krieg war Mimi über das Wochenende oder in den Ferien oft im Ausland beschäftigt. Da konnte es denn vorkommen, daß die Zeit zu knapp wurde und in der eigenen Schule Kolleginnen einspringen mußten. Meist kam sie müde, aber angeregt von den Kursen zurück. Erzählungen konnten die Schüler nicht erwarten, doch brachte sie stets neue berufliche Erfahrungen mit, die sie im Seminar verarbeitete und auswertete. Auf diese Weise wirkte die Arbeit mit Laien befruchtend auf die Berufsausbildung. Mimi Scheiblauer war in keiner Weise eine bequeme Lehrerin. Aussagen von Ehemaligen mögen dies belegen:

«Als Mensch hat sie beeindruckt, es gab aber welche, die sich nicht völlig frei und unbefangen fühlten in ihrer Gegenwart. Sie konnte scharf, manchmal sogar ironisch sein (dann sprach sie baslerisch!), auch im Umgang mit Kindern, die vielleicht sogar etwas Angst vor ihr hatten. Ich denke, sie hatte sich selbst sehr streng in der Hand, und das übertrug sie dann auf die anderen Menschen.»

«Eine so ausgesprochen starke Persönlichkeit *muß* ihre Licht- und Schattenseiten haben.»

Alle sahen sie als «eine große, vitale Frau» und bewunderten ihre persönliche Bescheidenheit.

«Wenn sie zu uns sagte, das kannst du!, wagten wir nicht zu widersprechen. Jede von uns nahm die Herausforderung an – und ich erinnere mich nicht, daß eine einzige versagt hätte.»

In Diskussionen war Mimi Scheiblauer zu einem schwierigen Partner geworden. «Unsere Fragen und Zweifel wurden von ihr mit einer klaren Antwort beglichen.» Im Bewußtsein, daß ihre Zeit kostbar sei, wollte sie keine Probleme mehr erörtern, die sie für gelöst hielt.

Sie wußte, daß viele Schülerinnen diese Haltung nicht begriffen, *doch darauf kann ich in meinem Alter keine Rücksicht mehr nehmen, es geht um die Sache,* erklärte sie. Aus dem gleichen Grund verfuhr sie manchmal mit Besuchern, die sie mit Belanglosigkeiten aufhalten wollten, recht ungeduldig.

«In Lektionsbesprechungen spürte man Toleranz und Offenheit Neuem gegenüber; man hatte nicht das Gefühl, einer anderen Generation anzugehören. Sie war uns weit voraus, wie es eben nur geniale Menschen sind. Sie war erfüllt und vorwärtsgetrieben von ihrem Wunsch, den Menschen die Wichtigkeit der Rhythmik klar zu machen. In jenen Jahren dachte sie vor allem an die Heilpädagogik. Ich erlebte sie noch ganz als Pionierin», schreibt eine ihrer letzten Studentinnen. «Wenn sie ab und zu breitspurig vor mir stand, ein verschmitztes Lächeln in ihrem faltigen, interessanten Gesicht, nichts sagte, mich nur anschaute und leicht den Kopf auf und ab bewegte, so hatte ich das Gefühl: sie weiß – einfach: sie weiß. Ich fühlte mich, trotz der Kühle, die sie oft ausstrahlte, von ihr getragen und in gewissem Sinne auch geborgen.»

13
Begegnungsstätte Chandolin

Durch Trudi Pfisterer wurde Mimi Scheiblauer das Haus «Les Daillettes» in Chandolin vermittelt, das sie 1948 erwarb. Obwohl ursprünglich als persönliches Refugium gedacht, wurde es bald ein Haus der Begegnung und blieb bis zu Mimis Tod ein Treffpunkt Gleichgesinnter. Von allen Seiten reisten Freunde und Freundesfreunde an, um in der eindrucksvollen Walliser Bergwelt Ruhe und Klarheit zu finden.
Dies brachte für die Hausherrin so viel Unruhe mit sich, daß ihr die Ferien in den letzten Jahren zur Last wurden. In einem Brief an die Autorin schrieb sie: *Gerne wäre ich zu Euch gekommen. Ich suche Ruhe! Ich darf sie mir noch nicht leisten. So lange ich kann, muß ich mich einsetzen. Auch hier oben sind Menschen, die mich brauchen.* Zu ihrem Glück begleitete sie seit 1960 gewöhnlich die Freundin Elisabeth Meyer aus Bremen und entlastete sie im Haus.
Die «Mutter von Chandolin», wie sie im Gästebuch immer wieder genannt wird, war eine reizende Gastgeberin. Am behaglichen Familientisch verwöhnte sie ihre Freunde gerne mit schmackhaften, selbsterfundenen Gerichten. Als spezielle Festlichkeit galt eine Walliser Raclette am selbstgebauten Raclette-Öfchen im Garten. Dazu kredenzte sie den Seminaristinnen, weil sie noch zu jung seien, zum Ergötzen der Einheimischen Himbeersirup statt Walliserwein!
Während der Sommerferien erfüllte stets Fröhlichkeit und Gesang das Haus, bis abends das Signal eines herzhaften Jauchzers die Jugend zur Ruhe mahnte. In «Gesprächen und schweigendem Sein erwarteten die Älteren dann die nächtlichen Gestirne», heißt es im Gästebuch.
Auch der Garten wurde mit Hingabe beobachtet und gepflegt. Mimi schöpfte immer wieder Kraft aus allem, was lebte und wuchs. Ihre besondere Freude waren die jungen Arven, die sich nach fünfjährigem Zögern endlich prächtig entwickelten. *Es wäre schön, Bäuerin zu sein,* sinnierte sie. *Erziehen ist ja auch Bauernarbeit. Den Boden vorbereiten, lockern, aussäen. Wie der Bauer erlebt man das Aufgehen der Pflanzen und darf sie pflegen.*
Meist zog Frau Neergaard, die Witwe des langjährigen Philosophen-

freundes, mit auf den Berg. Die beiden Frauen hatten eines Tages den Maler Edmond Bille kennengelernt, von dem sie sich begeistert in die Dorfgeschichte von Chandolin einweihen ließen. Er erzählte ihnen vom Kirchenbau im letzten Jahrhundert: Weil die Gemeinde kein Geld hatte, mauerten sich die Bauern ihr Gotteshaus selber. Bei der Orgel wurde es schon schwieriger mit dem Eigenbau. Mit fleißigem Abgucken brachten sie es 1884 zwar fertig, Pfeifen zu gießen, die Glocken mußten sie aber wohl oder übel in Auftrag geben. Die schweren Körper zu transportieren, schien ein Ding der Unmöglichkeit. Doch Ochsen und starke Männer brachten die Glocken über den Saumweg. Ein Brücklein vom Steilhang zum Turm ersetzte den Aufzug. Der Carillonspieler hatte vor der Einweihung fleißig geübt: mit Flaschen.

Das harte Leben der Bergler beeindruckte Mimi Scheiblauer! Sie versuchte zu helfen, wo sie konnte, und wurde dadurch mit den Einheimischen bald so vertraut, daß viele ihre Freuden und Sorgen ins «Daillettli» trugen. Um so mehr ging es ihr nahe, daß so viel Althergebrachtes bedroht schien. Sie empfand es als ihre soziale Aufgabe, in den Bergbauern hier oben wieder neue Freude an halbverlorenen Traditionen zu wecken. Mimi begann, in Chandolin die einheimische Tracht zu tragen. Sie ließ auch ihr Gäste-Mazot im alten Walliser Stil (auf vier Säulen) aus dem Holz von verfallenen Ställen bauen.

Vor allem die jüngere Generation versuchte sie darauf hinzuweisen, daß man auch abseits der Konsummöglichkeiten der großen Ortschaften hier oben sinnvoll seine Freizeit verbringen und unvergeßliche Feste feiern könne.

So war sie bemüht, neue Impulse zu geben für die traditionelle gemeinsame Weihnachtsfeier in der Kirche: Am Platz eines jeden Dorfbewohners brannte ein Lichtlein. (Tagelang hatten Kinder von Freunden Kerzen gegossen für Chandolin, weil das Tante Mimis Weihnachtswunsch war!) Mimi Scheiblauer hatte es sich auch nicht nehmen lassen, trotz enormer Arbeitslast jedem Einwohner ein individuelles (seinen Wünschen und Bedürfnissen sorgfältig angepaßtes!) Weihnachtsgeschenk zu stricken. Für die Dorfkinder aber lag etwas ganz Besonderes bereit: Für sie gab es Bambusrohr und einen Gutschein für einen Flötenschnitzkurs im Sommer.

14
Ehrungen

Die Jubiläen *25 Jahre Rhythmikseminar* und *40 Jahre Taubstummenanstalt* wurden in aller Stille begangen. Auf der Feier ihres sechzigsten Geburtstages im Jahr 1951 allerdings hatten die von Mimi ausgebildeten Rhythmikerinnen ausdrücklich bestanden. Dadurch gewarnt, «rettete» sich die Jubilarin beizeiten vor den Festivitäten zum Siebzigsten: Mit alten Freunden setzte sie sich nach Wien ab. – Eine Flut von schriftlichen Gratulationen aus aller Welt deckte bei ihrer Rückkehr den Wohnungseingang förmlich zu.
In Wien, ihrer späten Wirkungsstätte, wurde Mimi Scheiblauer längst als «Frau Professor» angesprochen, die Deutschen übernahmen den Titel. Das Schrifttum über ihre Arbeit häufte sich, und sie fand für ihre heilpädagogischen Erkenntnisse weltweite Anerkennung. So war es an der Zeit, daß auch die schweizerische Öffentlichkeit sie auszeichnete. Am 21. März 1966 überreichte ihr der Stadtpräsident von Zürich, Dr. Emil Landolt, anläßlich der traditionellen «Schlußaufführung mit Orchester der Musikschule im Großen Tonhallesaal» die Goldene Hans-Georg-Nägeli-Medaille «für ihre großen Verdienste auf dem Gebiet der Musikerziehung».
Ein paar Wochen später, am 29. April 1966, verlieh die Philosophische Fakultät I der Universität Zürich «der unermüdlichen Förderin geistig, seelisch und körperlich geschädigter Kinder und Jugendlicher und der hervorragenden Lehrerin auf therapeutischem Gebiet» den Doktortitel *honoris causa.*
Diese späte äußere Anerkennung bedeutete ihr nicht mehr allzu viel. «Sie war bei aller Einfachheit und Zurückhaltung, wie sie nur ganz fest in sich gegründeten Persönlichkeiten möglich ist, zu sehr vom Wert ihrer Arbeit überzeugt, als daß sie der Bestätigung durch öffentliche Ehrungen bedurft hätte.»* Auch war sie nur ungern der gefeierte Mittelpunkt eines solchen festlichen Anlasses. Was sie allerdings sehr beglückte, war die Begegnung mit den beiden anderen Preisträgern, dem Karikaturisten und Satiriker Carl Böckli («Bö»), und insbesondere das Wiedersehen mit dem Kernforscher und Nobelpreisträger Felix Bloch, einem ihrer allerersten Schüler.
Ehrungen pflegen eine Flut von Publikationen auszulösen. Das Lob,

welches die Presse, das Radio und das Fernsehen nun über sie ausschütteten, berührte Mimi Scheiblauer wenig. Das einzig Positive an dieser Publicity sah sie in der weiteren Verbreitung ihrer pädagogischen Ideen.

Woraus schöpfte Mimi Scheiblauer ihre erstaunlichen geistig-seelischen Kräfte? Vor allem war sie von einer tiefen, wenn auch völlig undogmatischen Gläubigkeit durchdrungen. Als Tochter eines katholischen, allerdings sehr frei denkenden Vaters und einer protestantischen Mutter empfand sie sich als Christin, nicht aber als Angehörige eines bestimmten Bekenntnisses.

Mit derselben Toleranz begegnete sie auch fremden Glaubensbekenntnissen: Ein indianisches Gebet war häufig Gegenstand ihrer Meditation:

> «Großer Geist, dessen Stimme ich in den Winden vernehme und dessen Atem der ganzen Welt Leben spendet, erhöre mich! Ich trete vor Dein Angesicht als eines Deiner vielen Kinder. Siehe, ich bin klein und schwach, ich brauche Deine Kraft und Deine Weisheit.
>
> Laß mich in Schönheit wandeln und meine Augen immer den purpurroten Sonnenuntergang schauen.
>
> Mache mich weise, damit ich die Dinge erkennen kann, die Du geschaffen hast, und meine Ohren Deine Stimme hören.
>
> Mache mich weise, damit ich die Dinge erkennen kann, die Du mein Volk gelehrt hast. – Die Lehre, die Du in jedem Blatt und jedem Felsen verborgen hast.
>
> Ich sehne mich nach Kraft, nicht um meinen Brüdern überlegen zu sein, sondern um meinen größten Feind, mich selber, bekämpfen zu können.
>
> Mache mich stets bereit, mit reinen Händen und aufrichtigen Augen zu Dir zu kommen, damit mein Geist, wenn das Leben dahinschwindet wie die untergehende Sonne, zu Dir gelangen kann, ohne sich schämen zu müssen.»

Da ihre Wochenenden fast immer belegt waren, nahm sie sich, wenn immer möglich, am Freitag Zeit für sich selber. Sie vermied dann den Kontakt nach außen, sprach und aß nicht und verbrachte den Tag mit Lektüre und Meditation. *Man muß ganz weit weg in die Einsamkeit gehen. Zurückkehrend, befreit von allen Bindungen, kann man erst richtig helfen,* sagte sie. Auch vor besonders schwierigen Aufgaben zog sie sich zurück. Nicht überall stand ein stiller Winkel zur Verfügung. Deshalb hatte sie gelernt, mitten unter Menschen, etwa in der Bahn, ihren Blick nach innen zu richten.

Wer wie sie nach dem Ganzen suchte, in welchem Mensch, Natur und Ewigkeit in eins aufgehen, dem fühlte sie sich verbunden. Darum war es ihr auch ein Bedürfnis, gute Gespräche zu führen mit innerlich hochstehenden Menschen. Sie beeindruckte nicht nur durch ihre umfassende humanistische Bildung, sondern auch durch die Schärfe ihres Denkens und die Lebendigkeit ihres Geistes.

In diesem Sinne war sie über Jahre verbunden mit dem indischen Arzt Salvarian Jesudian, mit welchem sie Hatha Joga übte. Gleichzeitig befaßte sie sich – ausgehend von Rabindranath Tagore – intensiv mit den Offenbarungen östlicher Weisheit.

Da Mimi Scheiblauer vom Vater her mit den alten Philosophen und Goethes «Faust» schon früh vertraut war, hatte sich natürlicherweise schon in ganz jungen Jahren ein enger Kontakt mit der Anthroposophie aufgebaut. Mimi Scheiblauer wurde zwar niemals Anhängerin der philosophisch-theoretischen Anthroposophie, doch sie hielt viel von der anthroposophischen Pädagogik.

Sie zeigte sich auch immer wieder bereit zur Auseinandersetzung mit anderen humanistischen Werken, deren Arbeit ihr wertvoll schien und die sie unterstützte, auch wenn sie sich mit dem gedanklichen Hintergrund nicht unbedingt zu identifizieren vermochte. In diesem Sinne pflegte sie Kontakte zur Heilsarmee, zu den Petites soeurs und zu Albert Schweitzer.

In ihren reiferen Jahren fühlte sie sich besonders angesprochen von Bruno Giordano, Martin Buber und Teilhard de Chardin.

15 Die letzte Zeit

Es bedrückt mich manchmal, daß mir die Menschen fehlen, die die Arbeit weiterführen. Es sind so viele Türen aufgegangen! hatte Mimi Scheiblauer schon vor Jahren geklagt. Denn sie hätte längst weniger arbeiten sollen. Eigentlich hatte sie sich vorgestellt, daß eine begabte Schülerin in ihre Fußstapfen trete und ihren Weg weiter gehe. «Mimi Scheiblauers Mantel war aber so weit, daß keine der Jungen ihn tragen konnte», bemerkte eine Schülerin. Als deutlich geworden war, daß niemand sich allein einer so gewaltigen Aufgabe gewachsen fühlte, begann Mimi 1962 ein Team aufzubauen, dessen Leitung einschließlich der Erteilung wichtiger Lektionen bis zuletzt in ihren Händen lag.

Oft dachte sie darüber nach, wie sie selber damals war, im Alter der Studentinnen. Und immer wieder war es ihr, als hätte sie zuinnerst sehr früh ihren segensreichen, aber einsamen Weg geahnt. *Es ist wichtig, daß man mit den Jungen darüber spricht, daß man ihnen das Wesentliche sagt über das innere Alleinsein, daß jeder es lernen muß, ganz besonders derjenige, der Verantwortung trägt ... Die Schwierigkeiten des Berufslebens haben alle zu bewältigen. Mit der Zeit sieht man klarer, sieht, wie kleinlich der Mensch meist ist, wie klein die Welt – und begreift aus den eigenen Erfahrungen die traurige Situation der Welt. Man darf sich nicht deprimieren lassen, nicht selber in diese Stimmung und Haltung verfallen ... Wir sind wenige, die wissen, worum es geht. Deshalb braucht es von uns mehr als nur einen vollen Ersatz.* Aus solchen schriftlichen und mündlichen Äußerungen spürt man, wie gerne sie ihren Schülern noch manches gesagt hätte.

Ein Leben lang hatte sie sich bemüht um die Klarheit des Erkennens, um das Verstehen der Zusammenhänge. Nun mußte sie einsehen: *Je höher du dich entwickelst, je mehr du dich der einfachen Schlußformel näherst, desto weiter entfernst du dich vom Verstandenwerden.* Ihr Satz aus der Rhythmikstunde: *Die Übergänge sind das Schwierigste,* wurde für sie zum existentiellen Problem.

«Sie war wie von einer Aura der Resignation umgeben, und der Gedanke ließ sich nicht abweisen, daß die Zeit ihres Wirkens nun bemessen sei. Trotzdem hätte niemand gedacht, daß das Ende so nahe bevorstehe. Hätte man es geahnt, hätten wohl viele ihr noch ein paar Worte sagen wollen, Worte des Dankes, die sie nun nicht mehr hören wird...»*

1964 gründete sie noch den Berufsverband musikalisch-rhythmischer Erzieher. Sie fühlte sich nie am Ziel.

Dazu erzogen, «das liebe Ich» nicht allzu ernst zu nehmen, beeindruckte sie die 1967 in ihren Augen diagnostizierte Glaskörpertrübung nicht sehr. Sie war aber gezwungen, die Notizen für ihre Kurse in immer größeren Lettern aufzuschreiben.

Im Frühjahr 1968 spürte Mimi Scheiblauer mit einem Mal, daß ihre allgemeine Widerstandskraft nachließ. Sie, die früher vehement gegen jede altersbedingte Schwäche angekämpft hatte, schrieb nun in einem Brief an eine vertraute Mitarbeiterin: *Der Arzt ist der Meinung, das Herz habe zu viel arbeiten müssen. Ich bin müde, ich mag nicht mehr.* Manchen Anforderungen fühlte sie sich nicht mehr gewachsen: Von Menschen, die ihren Helferwillen nach wie vor bis in die Nacht hinein in Anspruch nahmen, fühlte sie sich gequält. Enttäuschungen setzten ihr härter zu als früher. Die jahrzehntelange Arbeit mit den Gehörlosen hatte ihren Vibrationssinn derart entwikkelt, daß ihr nicht nur Lärm, sondern auch Orchester- und Orgelmusik schwer erträglich geworden waren.

Auch für die Jungen deutlich spürbar, strömte sie eine früher ungewohnte Wärme und persönliche Offenheit aus. «In der letzten Stunde von 19 bis 20 Uhr erlebten wir es anschließend hie und da im Kämmerlein sitzend, daß Mimi Scheiblauer auch einmal müde und abgespannt sein konnte und es auch aussprach. Dies waren für uns neue Erlebnisse, verriet sie doch sonst nie Müdigkeit, Traurigkeit oder Schwachheit. Sie liebte es dann, auf dem Garderobebänklein zu sitzen und uns von früher, aus ihrer Kindheit und Jugend zu erzählen», berichtete eine Schülerin.

«Eine der letzten Initiativen von Mimi Scheiblauer war die Einrichtung eines Kurses für heilpädagogische Rhythmik, der von ihr in den Grundzügen konzipiert und im Herbst 1968 begonnen, von Laurence Staeheli und Verena Meyer weitergeführt und im Sommer 1969 abgeschlossen wurde.»* Der Zweck des Kurses war «die praktische Einführung in eine zweckmäßige Beschäftigung der geistig und körperlich schwerst behinderten Kinder und Jugendlichen».* Teilnehmen sollte «in erster Linie ausgebildetes Pflegepersonal aus Heilanstalten und Heimen, das schon mit solchen Kindern und Jugendlichen beschäftigt gewesen war».

Die Organisation hatte der «Schweizerische Verein für körperliche und geistige Entwicklung», La Chaux d'Abel, übernommen, gefördert und subventioniert wurde der Kurs von der Eidgenössischen Invalidenversicherung.

Etwa 27 Teilnehmer aus der gesamten Schweiz meldeten sich und bestätigten damit das Bedürfnis, das Mimi Scheiblauer vorausgesehen hatte. Es war ihr noch vergönnt, mit dieser Genugtuung den Kurs am 6. November 1968 zu eröffnen. Doch am 13. November 1968 brach sie während einer Lektion zusammen und starb noch am gleichen Tag im Hospital.

Nachdem sie sich ein Leben lang dagegen gesträubt hatte, sich schriftlich festzulegen, war Mimi Scheiblauer zuletzt damit beschäftigt, ein Buch über ihr Lebenswerk zu schreiben. Neben dem Grundkonzept und einigen Fragmenten fand sich in ihrem Nachlaß, als einziges ausgeführt, das hier folgende Kapitel über akustische Übungen, das zu einer Art Vermächtnis geworden ist.

Akustische Übungen

Dem methodischen Aufbau der akustischen Übungen sowie der systematischen Entwicklung dieses Sinnes ist die größte Aufmerksamkeit zu schenken, denn es kommt ihnen vom Standpunkt der Erziehung aus gesehen die allergrößte Bedeutung zu.
Den Aufbau der akustischen Übungen leiten folgende Überlegungen: Das Kleinkind setzt alles Gehörte, wie auch das Geschaute, spontan in Bewegung um. Dieses ursprüngliche Reagieren, welches durch Erziehung und Bildung oft unterdrückt wird, soll durch den Rhythmikunterricht lebendig erhalten oder wieder lebendig gemacht werden. Dies ist nur möglich, wenn wir wieder von vorne anfangen, d. h. mit den allereinfachsten Übungen beginnen, die ohne lange Überlegung von seiten des Schülers sofort richtig ausgeführt werden können. Dadurch wird das Zutrauen zu den eigenen akustischen Fähigkeiten gestärkt oder wieder geweckt und die Konzentrationsfähigkeit ebenfalls verbessert.
Durch das Erlebnis von Klängen wird die Beziehung zur Musik hergestellt. Soll sie vertieft und zu erzieherischen Zwecken ausgenützt werden, bedarf es eines guten Gehörs. Nur eine systematisch durchgeführte Gehörsbildung, welche, beginnend bei den musikalischen Elementen, nach und nach den Menschen den ganzen Aufbau der Musik erleben läßt, gewährleistet ihm ein wirklich musikalisches Gehör.
Das Ohr soll aber auch in bezug auf Geräusche *ausgebildet werden. Zwar schult es sich in dieser Beziehung normalerweise weitgehend selber, aber dies geschieht unbewußt. Es ist wichtig, daß sich der Mensch durch spezielle Übungen des großen Unterscheidungsvermögens seines Gehörs bewußt werde, auch diesbezügliche Fortschritte selber konstatiere, denn dadurch wächst das Vertrauen in die musikalische Leistungsfähigkeit seines Ohrs. Auch schult sich die Konzentrationsfähigkeit sowie das differenzierte Aufnahmevermögen durch alle die Übungen der Geräusch-Ermittlung und Geräusch-Unterscheidung, was wiederum der musikalischen Gehörsausbildung zustatten kommt. Darum üben wir das Gehör der Schüler zu Beginn hauptsächlich mit Hilfe von Geräuschen. Solche Übungen lassen sich sehr gut in bezug auf den Schwierigkeitsgrad steigern, so*

daß sie auch Erwachsenen nicht leicht fallen dürften. Einige Beispiele schwerer Übungen:

1. *Der Schüler beklopft einen Stuhl an Sitz, Lehne, Bein, merkt sich die verschiedenen Geräuschfarben, um mit geschlossenen Augen wieder zu erkennen, wenn der Lehrer klopft. Statt auf den Stuhl kann man auf Boden, Tisch, Wand oder Schrank klopfen.*
2. *Verschiedene Gegenstände werden auf den Boden gelegt, gerollt, an die Wand geworfen. Der Schüler soll mittels der Geräusche ihre Beschaffenheit erkennen.*
3. *Der Lehrer streicht mit einer Bürste über Holz, Metall, Stoff. Der Schüler soll das Material am Streichgeräusch erkennen.*

Man lasse von Schülern solche Übungen finden, wodurch ihr Interesse an der Übungsart gesteigert wird.

Ton, Dynamik, Agogik und Form sind die Elemente der Musik. Jedes von ihnen übt auf eine bestimmte Sphäre im Menschen einen besonderen Einfluß aus. Der Ton – ob Einzelklang, Klangfolge (Melodie) oder Zusammenklang (Harmonie) – erfaßt das Seelische; ebenso die Dynamik, die zugleich das Schöpferische, die Ausdrucks- und Gestaltungskräfte anregt.

Die Agogik *schult den Bewegungsapparat, Muskeln und Nerven. Die Form ist das Element, welches im Individuum das Gefühl für innere und äußere Ordnung entwickelt.*

Das Zeitliche, die oben genannte Agogik, wird irrtümlicherweise allgemein als musikalischer Rhythmus bezeichnet, was entschieden eine falsche Auslegung des Begriffs Rhythmus ist. Der musikalische Rhythmus ist nicht nur eine geordnete Folge verschieden langer Notenwerte, sondern er weist «eine natürliche, von innen herauswachsende Gliederung, eine eigene Motorik, eine eigene Dynamik und einen ausgeprägten Stimmungsgehalt auf», ist also die Zusammenfassung der musikalischen Elemente. Beeinflußt jedes einzelne Element einen bestimmten Bezirk des Fühlens, Denkens, Wollens, so ist es ohne weiteres klar, daß die Synthese dieser Elemente den Menschen in seiner Gesamtheit erfaßt und wir darum mittels des musikalischen Rhythmus' den Menschen bilden und erziehen können. Aus diesem Schluß ergibt sich die große Bedeutung der akustischen Übungen und die Notwendigkeit einer systematischen Gehörsbildung.*

Ob das Gehör zuerst in agogischer, klanglicher, formaler oder dynamischer Richtung geschult werden soll, hängt vom Entwicklungsstand des Schülers ab. Es ist naheliegend, daß das Klein- und Schulkind dem agogischen, der Jugendliche dem dynamischen und der Erwachsene dem klanglichen Element am meisten Interesse entgegenbringt, weshalb wir zuerst das betreffende Element mehr berücksichtigen, bald aber auch die anderen miteinbeziehen.
Das Gefühl für Agogik entwickelt sich bei musikalisch nicht beeinflußten Kindern ungefähr folgendermaßen:

1. Stufe: *Durch den Bewegungstrieb verursachtes Gehen, Springen, Hüpfen, Klopfen und Klatschen, dessen Tempo durch die motorische Geschicklichkeit diktiert wird. Unterbrechung oder Aufhören wegen Müdigkeit, Überdruß oder Ablenkung.*

2. Stufe: *Der Bewegungsablauf wird gegliedert, er wird durch mehr oder wenig regelmäßig auftretende Ruhepunkte, deren Ursache sich unserem Wissen entzieht, unterbrochen. Es entstehen z. B. Phrasen, wie:*

3. Stufe: *Die Gliederung wird noch regelmäßiger, häufiger. Es entstehen Motive, mit Vorliebe:*

4. Stufe: *Die Motive wiederholen sich genau, erweitern sich zur viertaktigen Periode:*

5. Stufe: *Versuche, punktierte Noten einzubeziehen:* 
die Sätzchen bis auf acht Takte zu erweitern:

Je älter das Kind wird, desto schwieriger ist festzustellen, ob es sich bei seinen Bewegungsäußerungen um spontane, entwicklungsbedingte oder durch Beeinflussung zustande gekommene Agogik handelt. Im allgemeinen mag gelten, daß mit fortschreitender Entwicklung agogisch schwierigere Gebilde, Synkopen und dergleichen produziert werden, daß aber die eintretende Pubertät starke Tempo-

*schwankungen, Unfähigkeit zur genauen Ausführung, unübersichtliche Formen entstehen läßt. Solches «Unrhythmischsein» kann jahrelang dauern und weist darauf hin, daß der Schüler, trotz vielleicht schon erfolgter Reife, in seelischen Entwicklungsstürmen steht und der Schonung und des besonderen Entgegenkommens von seiten des Erwachsenen bedarf. Wir haben die Möglichkeit, solche Störungen der Reifezeit sehr früh zu erkennen und durch entsprechende Übungen unseren Schülern darüber hinwegzuhelfen.**

Auch beim Erwachsenen treten solche unrhythmische Schwankungen auf, die ebenfalls auf irgendeine Unsicherheit zurückzuführen sind. Sie können bedingt sein durch körperliche Unsicherheit, durch seelische Erschütterungen, durch geistige Störungen. Im allgemeinen verläuft der Aufbau nach den Richtlinien, welche im Rhythmikunterricht bei allen Altersstufen eingehalten werden, wobei die Entwicklungsstufe der Schüler das Vereinfachen wie das Erschweren der einzelnen Übungen bedingt. Begonnen wird mit den einfachen Übungen des Schreitens und Hüpfens in verschiedenen Geschwindigkeiten. Daraus entstehen die Notenwerte, die, zusammengesetzt, zu Motiven und weiter zu kleinen und größeren Formen führen. Das nächste ist das Erleben der Pausen, das Fühlen lernen, ob diese zur Ruhe oder zur Bewegung führen. Die punktierten Noten erscheinen, und mit ihnen wird bereits das Gebiet der «Probleme» angeschnitten. Sehr spät erst lassen wir unsere Schüler durch Taktierbewegungen den Takt erleben. Begründung: Erstens erscheint der Takt sehr spät in der Musik, zweitens wirkt er auf das Kind wie der Drill, er führt sehr leicht zu Versteifungen, erregt dann Widerwillen und sogar Ablehnung des gesamten Rhythmikunterrichts. Dem in der Pubertät Stehenden können die Übungen des Taktierens, sagen wir lieber des Dirigierens, sehr oft Halt geben, können ihm eine bestimmte Art des Fühlens und Folgens nahebringen, die ihn meistens interessiert. Im Erwachsenenunterricht hingegen vermeiden wir im allgemeinen die Takt- und Taktierübungen, da der Erwachsene ohnehin im praktischen Leben durch Taktvorschriften, lies Verordnungen aller Art, durch Verpflichtungen und dergleichen gehemmt ist und wir ihn ja von Hemmungen lockern und befreien wollen. Agogische und formale Entwicklung *gehen anfänglich Hand in Hand. Wir finden also auch bei letzteren vorerst die unbestimmte,* willkürliche Gliederung, dann die genau gegliederte. Dann erscheint das Motiv mit seiner Wiederholung, formt sich zu vier-, später zur achttaktigen Periode, die ja die Form der meisten Kinderlieder ist. Ausnahmsweise treten in der gesungenen Improvisation kurz vor Schuleintritt die einfache Menuettform und manchmal sogar die uns von den Meistersingern bekannte Form des Stollen-Stollen-Abgesangs auf. Mit der Schulreife zeigt sich auch das Interesse am «Bau der Musik», an den Motiven, ihren «Bausteinen». Bei richtiger Vorbereitung erkennen die Schüler nach dem Gehör die Struktur einer kleinen Menuett- oder Rondoform, hören Umkehrungen, Verkleinerungen und Vergrößerungen des Motivs. Die größeren Formen bedingen einen Überblick, den wir von Schulkindern noch nicht verlangen dürfen. Mit dem Hören und Erkennen sowie der körperlichen oder klanglichen Improvisation von Motiv und Gegenmotiv, von 8- bis 16taktigen Phrasen, von kleinen Formen A-B, AA-B, A-B-A, ist aber der Unterbau für das Verständnis großer Formen so gut gelegt, daß sie später gehörsmäßig richtig erlebt und erkannt werden.

Bedeutend schwieriger gestaltet sich die Entwicklung des Gehörs in klanglicher Hinsicht, obgleich das Kind selbst den Weg dazu in seiner stimmlichen Improvisation weist. Wir müssen uns hüten, das Kind dabei zu beeinflussen oder gar zu stören. Verfolgen wir aber über längere Zeit sein Summen, sein wortloses Singen oder «Vertonen» unzusammenhängender Wortfolgen x-beliebiger Sätze, staunen wir ob der Folgerichtigkeit, mit welcher das Kleinkind, einem inneren Gesetz gehorchend, seine Stimme entwickelt. Es vermittelt uns damit seine wahren Tonerlebnisse und verkörpert zugleich wunderbarerweise in einer Entwicklung die geschichtliche Entwicklung der Musik von ihren Anfängen bis zur Mehrstimmigkeit:

Vom Einton-Lied über das Motiv der fallenden kleinen Terz (Kuckucksruf, mit dem das Kind lange spielt), zum Dreiton-Lied (fallende Terz mit oberer Wechselnote). Es nimmt dann durch Anfügen der großen Terz unterhalb der kleinen den Grundton in sein Singen auf, zerlegt die untere Terz in Sekundenschritte, wodurch es zur Pentatonik gelangt. Auf dieser Stufe verweilt es längere oder kürzere Zeit und greift auch später immer wieder darauf zurück. Durch das Entdecken des Quartensprungs, dem gewöhnlich rasch auch der

Sprung in die obere Oktave folgt, wird eine weitere Entwicklungsstufe erreicht. Dadurch ergibt sich mit größter Selbstverständlichkeit das Singen in den alten Kirchentonarten, worauf, meistens kurz vor Schuleintritt, der Leitton entdeckt und damit der Schritt in unser diatonisches Dur-System getan wird.

Heute sehe ich in diesem Entwicklungsverlauf den Leitfaden für die Gehörsbildung des Kleinkindes in melodischer Hinsicht und die Grundlage der Gehörsbildung für Kinder, Jugendliche und Erwachsene.

Durch eine Vertiefung des Musikverstehens wollen wir aber nicht, wie es den Anschein haben könnte, einer Hebung und Belebung der musikalischen Interessen dienen, sondern es ist uns in erster Linie darum zu tun, die klangliche Konzentrationsfähigkeit zu entwickeln, um durch sie die Erfassung und erzieherische Beeinflussung der Menschenseele durch Klang zu ermöglichen.

Die klangliche Gehörsbildung ist im Unterricht der musikalisch-rhythmischen Erziehung vollständig eingebaut und wird folgendermaßen entwickelt:

1. *Erleben einzelner Töne, Erleben immer größer werdender Tonfolgen mit Umfang von d̲ bis e.*
2. *Erleben der Tonhöhe, tief-hoch, tief-mittel-hoch. Zuerst in extremer Gegensätzlichkeit, damit der Unterschied sofort erkannt wird.*
3. *Erleben des Auf und Ab, des Vorwärts- und Rückwärtsgehens der Töne (wir vermeiden absichtlich zuerst die Bezeichnung steigen-fallen), zuerst in großen Tonabständen, dann auf der Pentatonik, zuletzt in der Diatonik und Chromatik.*
4. *Erleben der Bewegung in der Melodie: steigen-fallen-kreisen-bleiben (dies sind die wertvollen Vorübungen für das melodische Musikdiktat).*
5. *Erleben aller Arten von Zweiklängen. Einführung in die Intervalle, zuerst in die konsonierenden, dann in die dissonierenden. Erleben von zwei sich bewegenden Stimmen: zueinander, auseinander, miteinander.*
6. *Erleben der Dreiklänge, zuerst jede Art in einzelnen Grundakkorden, dann in Verbindung mit anderen (Dur-Dur, Moll-Moll, Dur-Moll usw.). Erleben der Umkehrungen, denn jede derselben*

erweckt andere Gefühle: die Wirkung der Auflösungen (erwartete und unerwartete). Erleben von Ausweichungen und Modulationen.

7. *Erleben der verschiedenen Arten von Vierklängen, ihre Auflösungen, Umkehrungen, Verbindungen mit anderen Klängen.*

Auf diese Art kann bei musikalischen Berufsschülern die ganze Harmonielehre erlebt werden.

Die Ausführung all dieser Übungen erfolgt auf drei Arten, die wiederum eine Steigerung ergeben:

1. Art: *Der Gehörseindruck wird in körperlicher Ruhelage empfangen, ohne daß anschließend eine Bewegungsäußerung des Erkennens noch ein Erklären von seiten des Lehrers oder ein Benennen von seiten des Schülers erfolgt.*

2. Art: *Der in Ruhelage empfangene Gehörseindruck setzt sich nachträglich in eine vom Schüler ohne Beeinflussung durch den Lehrer freigewählte Bewegung um, während die Musik weiterspielt. Dadurch kann der Schüler selber die Übereinstimmung von Musik und Bewegung feststellen. Auch jetzt folgt kein Benennen.*

3. Art: *Der in Bewegungsbereitschaft stehende Körper setzt spontan den Gehörseindruck in eine zum voraus durch Lehrer oder Schüler bestimmte Bewegung um, auf die nachträglich eine Benennung folgen kann, aber nicht muß.*

Im Zusammenhang mit der Gehörsbildung stehen Kinderkonzerte, wie sie an der Schule für musikalisch-rhythmische Erziehung veranstaltet werden. Über deren Vorbereitung, Programmgestaltung und Auswirkung wird in einem besonderen Kapitel der Kunsterziehung gesprochen werden. Soviel soll hier gesagt sein: Sie stellen eine wichtige Ergänzung der Gehörsbildung dar. Sie ermöglichen es, den Grad der Konzentrationsfähigkeit und der Beeinflussung des Menschen durch Musik zu ermessen. Außerdem dienen sie der Erziehung des Menschen zur Kunst.

Zu den Bildern.
1: Die vierjährige Mimi — 2: Mimi Scheiblauer am Ende ihrer Schulzeit — 3: Lehrerin am Zürcher Konservatorium, mit (von links) Emil Heuberger, Arthur Honegger und Carl Vogler (1912) — 4: Erste rhythmische Versuche mit Gehörlosen, Zürich um 1926 — 5 und 7: Frühe Gartenfeste in der Art von Hellerau — 6 und 8: Bewegungsstudien um 1932/33 — 9: Ein Gehörloser zeichnet das auf dem Tamburin Erfühlte an die Wandtafel — 10 und 11: Seminarstunden anfangs der sechziger Jahre — 12 und 14: Gehörlose gestalten die Märchen «Schwan, kleb an» (1944) und «Zwerg Nase» — 13: «Annebäbi lupf de Fuess» (Landesausstellung 1939) — 15: Probenarbeit im Stift Maria Einsiedeln (1951) — 16 bis 19: Der Krippenspiel-Film mit Gehörlosen (1962) — 20 und 21: Jedes Kind holt sich einen Stuhl (20), um einen Platz zu haben, von dem es ausgehen kann und zu dem es zurückkehren kann (21) — 22: Lautloses Spiel mit Reifen — 23: Bauen mit Holzziegeln (ohne Musik) — 24: «Wer hört etwas?» — 25: Die Bambusflöte «macht ganz große Schritte», und die Kinder folgen ihr ganz von selbst — 26 und 27: Gehörlose fühlen (26) den Klavier-Rhythmus und schlagen ihn mit ihren Hölzchen (27) — 28: Ein mongoloides Kind springt in den tanzenden Reifen — 29 und 30: Gehörlose lernen mit ihren Händen Klänge «fühlen» – 31: Balance-Übung — 32: Das Klavier erzählt eine Geschichte — 33: Die Hölzchen lernen warten, bis sie an der Reihe sind — 34: Mit Ursula, dem taubblinden Mädchen — 35: Mimi Scheiblauer in unbeschwerter Fröhlichkeit, wie sie nur wenige kannten

I

2/3

5/6

7/8

9

12/13

14/15

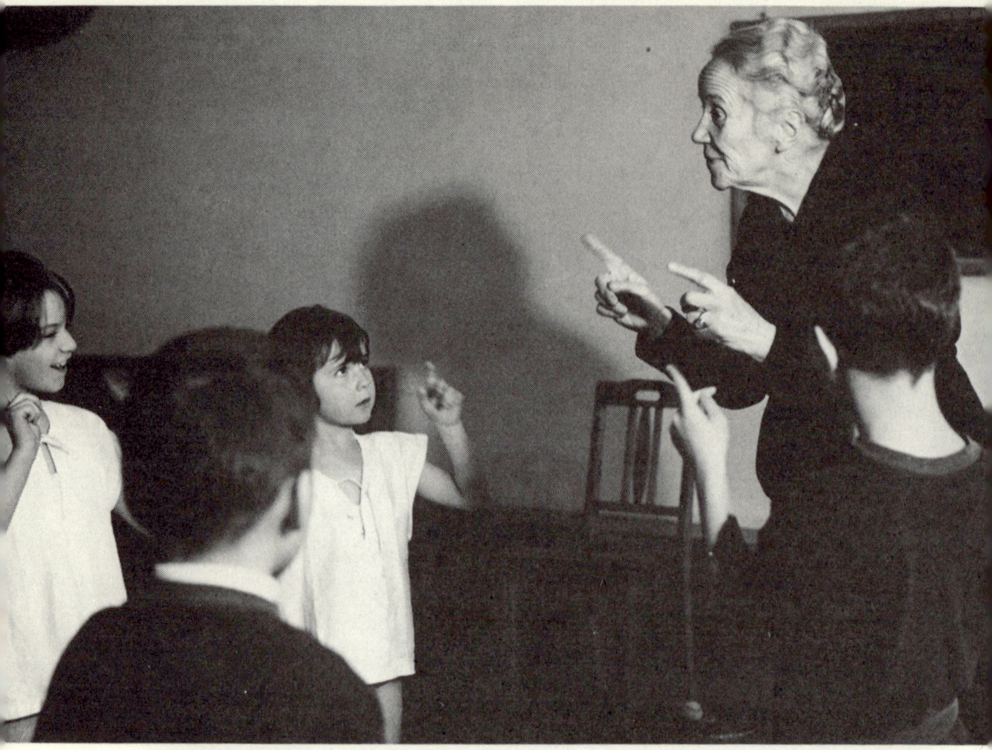

24/25

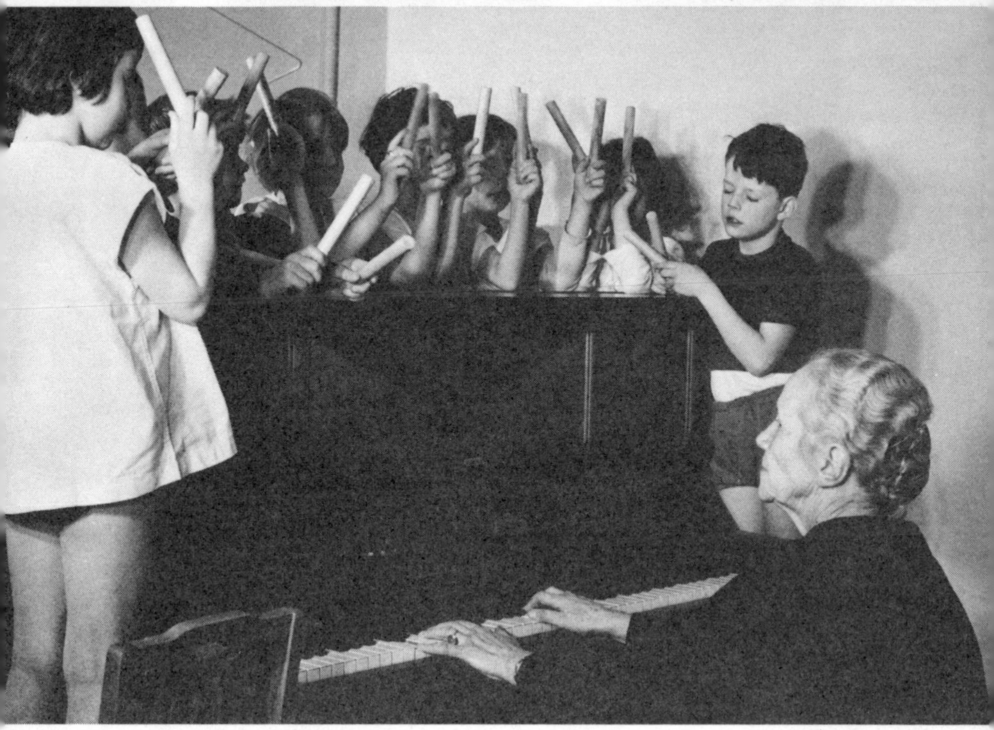

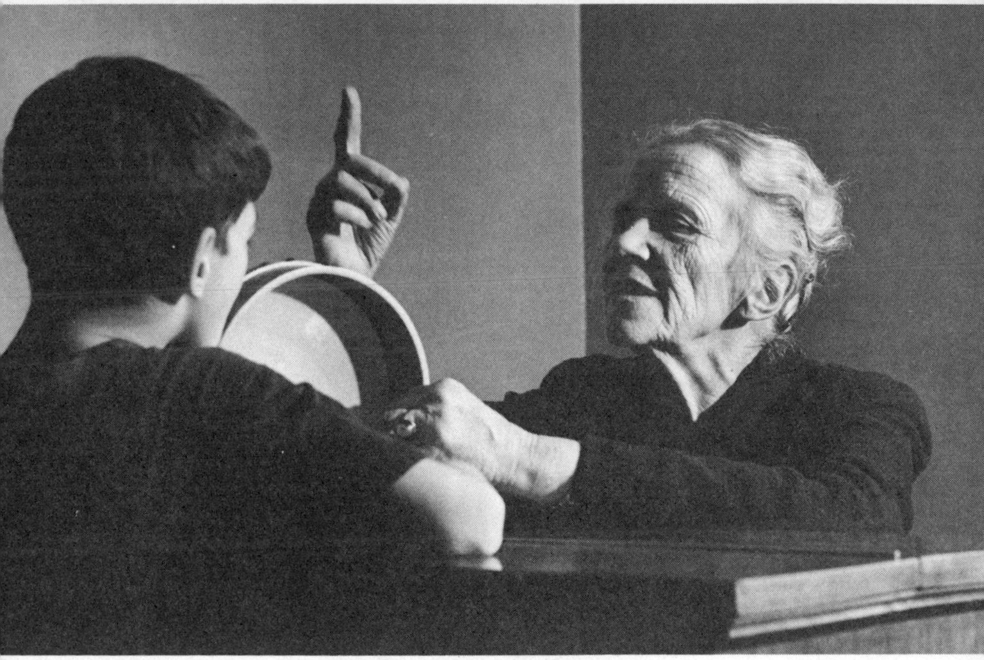

29/30

DU, DASS ICH

Zweiter Teil

Musik und Bewegung

1 Musikalisch-rhythmische Erziehung nach Mimi Scheiblauer

Die Elemente der Musik

Die Musik besteht aus vier Elementen, dem zeitlichen, dem klanglichen, dem dynamischen und dem formalen. Allerdings können wir keines dieser Elemente aus dem Zusammenhang mit den andern herauslösen, denn keines ist allein für sich schon «Musik». Ein jedes aber hat einen bestimmten erzieherischen *Wert in sich und übt eine bestimmte Wirkung auf den Menschen aus.*

1. Das zeitliche Element

Dieses wird im allgemeinen als Rhythmus bezeichnet. Es umfaßt jedoch nicht nur die Notenwerte, sondern auch den Takt, das Metrum, das Tempo und alle die zeitlichen Nuancierungen, wie accelerando, ritenuto und andere mehr.

Das Zeitliche ist das Moment der Bewegung in der Musik. Allein schon durch das Anhören des Bewegungsmomentes werden im Zuhörer Bewegungsvorstellungen ausgelöst und wird das gesamte Nervensystem angesprochen. Kann sich der Mensch gleichzeitig bewegen, d. h. kann er die zeitlichen Abläufe nicht nur anhören, sondern in Bewegung umsetzen, wie es beispielsweise in der Rhythmik der Fall ist, so bilden sich dadurch seine motorischen und sensorischen Fähigkeiten aus. Der Wechsel zwischen kurz und lang, das Umschalten von gleichmäßig verlaufenden Motiven in ganz anders geartete, durch Pausen bedingte Unterbrechung, das nach und nach Schneller- oder Langsamerwerden, dies alles verlangt, um richtig ausgeführt zu werden, eine große Beherrschung und Verfeinerung der Motorik. Diese Beherrschung ist nur zu erreichen durch eine systematische Schulung, begonnen mit einfachen, großen Bewegungen, die nach und nach zu immer komplizierteren und differenzierteren kleinen Bewegungen gesteigert werden. Große Bewegungen sind leichter auszuführen als kleine, die ein viel komplizierteres Zusammenspiel der verschiedenen Muskeln und Nerven erheischen. Dies alles gilt nicht nur für die rein körperliche Rhythmik, sondern ebensosehr für die senso-motorische Schulung im allgemeinen, handle es sich um die Spieltechnik irgendeines Instrumentes oder um die Ausbildung in irgendeiner Berufstechnik. Zusammenfassend kann man sagen, und jahrelange Erfahrungen bestätigen es, daß die Bewegtheit in der Musik die inneren und äußeren Bewegungsvorgänge im Menschen weitgehend beeinflussen und entwickeln.

2. Das klangliche Element

der Musik dringt ebenso unmittelbar in den Menschen ein wie das zeitliche, aber es dringt tiefer, indem es die Sphäre der Seele und des Gemütes berührt. Das Klangliche kann ein einzelner Ton, eine Folge von Tönen oder ein Zusammenklang sein; es kann gut oder schlecht, edel oder gemein sein, immer wird es den Menschen an seiner empfindlichsten Stelle treffen. Darum ist die Qualität der Klänge, nicht die Quantität, von größter erzieherischer Bedeutung.

Die Erregung, die Erschütterung des Menschen durch den Klang geschieht durch den Vibrationssinn, der nicht nur an der Körperoberfläche, der Haut, sondern auch im Körperinnern vorhanden ist und das ganze Individuum zu einer äußerst fein empfangenden, wunderbaren Antenne macht. Allerdings läßt unsere von Hast und Lärm erfüllte Zeit es kaum zu, daß sich der Mensch dieses Sinnes bewußt werde, aber gleichwohl arbeitet er und übt seine Wirkung auf das Seelen- und Gemütsleben des Menschen aus. Läßt sich dies beim normalen Menschen nicht ohne weiteres feststellen, so zeigen die Untersuchungen auf heilpädagogischem Gebiet, daß eine starke Beeinflussung des Seelischen durch Klang möglich ist.

Halten wir auf jeden Fall fest, daß es nicht unwichtig ist, welche Klänge, welche Musik wir empfangen und durch welche Musik wir auf die Jugend wirken.

3. Die Dynamik

in der Musik, die alle Stärkegrade vom leisesten bis zum stärksten Ton umfaßt, ist natürlicherweise stark an das zeitliche Element gebunden. Beispielsweise löst ein Schnellerwerden oft ein Lauterwerden aus. Auch an körperlichen Bewegungen läßt sich die Wechselwirkung von Zeit und Kraft nachweisen.

Die Dynamik ist die gestaltende Kraft in der Musik. Sie regt aber auch die gestaltenden Kräfte im Menschen an. Man beobachtet dies besonders gut im Rhythmikunterricht.

Allerdings im Kleinkindalter spielt, oder besser gesagt, darf die Dynamik noch keine Rolle spielen, und wir dürfen auch keine geladene Musik an das Kind hinbringen.
Die Beziehung zur Dynamik steigert sich mit dem Älterwerden des Kindes. Die Reaktion auf dynamische Eindrücke ist am allerstärksten in der Pubertätszeit. Auf dieser Stufe sollte dem Jugendlichen Gelegenheit gegeben sein, seine durch die musikalische Dynamik geweckten schöpferischen Kräfte irgendwie zu betätigen. Improvisationsübungen auf körperlichem, musikalischem oder sprachlichem Gebiet, freie, schöpferische Betätigung im Malen, Zeichnen, Modellieren sind jetzt äußerst wertvoll für die charakterliche Entwicklung des jungen Menschen.

4. Die Form

ist das ordnende Prinzip in der Musik. Der gute Einfluß dieser Ordnung kann sich aber nur dann richtig auswirken, wenn der Erzieher weiß, welche Form dem jeweiligen Entwicklungsstand des Zöglings entspricht. Es würde zu weit führen, wollten wir hier ausführlich darlegen, welche Form jeweils erfaßt und verarbeitet werden kann.
Man erlebt es immer wieder, daß Kinder verschiedenen Alters, auch Kleinkinder, Kompositionen großer Formen nachsingen und sogar spielen können zum Stolz der Eltern. Erfahrene Musikerzieher wissen aber um die Schädigung, die aus einer Überfütterung mit Formen, zu deren Verarbeitung das Kind noch nicht fähig ist, entstehen können. Gereiztheit, Konzentrationsstörungen, Interesselosigkeit sind Schäden, die daraus erwachsen.
Aus den Überlegungen ergibt sich, daß in den vier Elementen der Musik deren erzieherische Kraft liegt. Voraussetzung ist allerdings, daß das zeitliche, das klangliche, das dynamische und das formale Element der Musik in der rechten Weise und zur rechten Zeit an den Menschen herangebracht wird.

Erziehung im Vorschulalter

1. Das Kleinkind und seine Entwicklung

Warum gibt es so viele apathische, körperlich und geistig träge, warum aber auch so viele zappelige, nervöse Kinder? Alle diese Erscheinungen haben körperliche, geistige und seelische Gründe. Vom körperlichen Standpunkt aus gesehen lautet die Antwort: All diese Kinder haben oder hatten zu wenig Bewegung, das heißt zu wenig ihrem Alter und ihrem Entwicklungsstand entsprechende Bewegung.

Um uns die Bedeutung der Bewegung richtig klarzumachen, wollen wir Kinder verschiedener Altersstufen beobachten. Schauen wir uns einen Säugling an. Wenn er nicht schläft, ißt oder verdaut, bewegt er sich. Alle diese Bewegungen dienen der Ausbildung und Stärkung der Muskeln und Nerven. Das Zappeln mit den Armen und Händen macht diese beweglich, das Strampeln stärkt die Beine, das Heben des Kopfes und des Körpers kräftigt den Rücken.

Schauen wir uns das Kleinkind an, welches noch nicht gehen kann, so bemerken wir sein Bestreben, sich fortzubewegen und sich von der Sitzlage aufzurichten. Es kriecht vorerst auf dem Boden auf die verschiedensten Arten, um so rasch wie möglich vorwärts zu kommen. Dabei schult es wiederum seinen Rücken, seine Schultern. Kann es sich irgendwo halten, so zieht es sich in die Höhe, steht auf noch unsicheren Beinchen, fällt wohl des öftern wieder um, um erneut das Aufstehen und das Stehenkönnen zu üben. So übt es auch das Gehen bis zur Sicherheit.

*Das Kind kann den Sinn für die richtige Bewegung, für die richtige Muskelinnervation nur bekommen, wenn es selber seine entsprechenden Erfahrungen machen darf. Der jedem Menschen innewohnende Bewegungstrieb will sich bestätigen; denn nur dadurch kann sich der Bewegungssinn entwickeln. Durch das Sich-Bewegen-Können macht das Kind auch Erfahrungen aller Art und entwickelt dadurch nicht nur körperliche Fähigkeiten, sondern auch seine geistigen und seelischen Anlagen. Darum ist also die Bewegung von solch großer Bedeutung für eine günstige Entwicklung des Menschen.**

Wann soll die Erziehung beginnen? Es ist noch viel zu wenig be-

kannt, daß die Erziehung des Menschen nicht mit dem Eintritt ins Leben beginnt, sondern daß die erzieherische Beeinflussung bereits vorgeburtlich einsetzen soll. Geborgenheit, Kontaktgefühl, Sinn für alles Gute und Schöne kann eine Mutter ihrem werdenden Kind durch ihre eigene, diesbezüglich richtige Einstellung gedanklich übermitteln.

Die Bedeutung der vorgeburtlichen Erziehung ist allerdings noch nicht allgemein bekannt.

Wenn schon in der vorgeburtlichen Zeit Kontakt- und andere Beeinflussungsmöglichkeiten bestehen, so ist natürlich die Mutter-Kind-Beziehung von der Geburt an noch wichtiger.

Störungen wirken sich früher oder später in Erziehungsschwierigkeiten aus. Beispiele finden wir im Kindergarten, auf den verschiedenen Schulstufen, im Gehaben Jugendlicher – siehe Jugendkrawalle, Jugendkriminalität –, sie können sogar die tiefstliegenden Ursachen von Unverträglichkeit unter Erwachsenen sein. Die ersten wichtigsten nachgeburtlichen Beziehungen finden beim Stillen statt. Auch im Verlauf der Entwicklung muß die Mutter Zeit, Ruhe, Geduld haben, um ihr Kind zu beobachten, um auf seine Verhaltensänderungen richtig zu reagieren. Das Kind braucht wirklich die Hilfe des Erwachsenen, um sich körperlich, seelisch und geistig zu entwickeln. Der nicht orientierte Erwachsene sieht oft das Ausprobieren, die Wiederholung einer kindlichen Tätigkeit als unnütz an, unterbricht oder stört durch Eingreifen, wodurch er die in jedem normalen Kind innewohnende Konzentrationsfähigkeit schädigt.

*«Der Mensch hat sich nicht nur entwickelt, er entwickelt sich noch immer.» Diesem Ausspruch von Teilhard de Chardin zufolge dürfen wir an unsere eigene Wandlungsfähigkeit, an die erzieherischen Beeinflussungsmöglichkeiten unserer Kinder, unserer Schüler, unserer Mitmenschen glauben.**

2. Kleinkind und Musikpädagogik

Die charakterliche Entwicklung des Menschen wird weitgehend bestimmt durch die Erlebnisse der ersten sechs bis acht Lebensjahre. Diese Tatsache, die Bedeutung der Grundlagen für die Entwicklung des Menschen, lädt auch uns Musikpädagogen eine große Verantwortung auf. Denn wollen wir wirkliche Erzieher sein, so müssen wir in erster Linie danach trachten, in unseren Schülern solch allgemein verbindlichen Grund zu legen und dann erst die Musikerziehung darauf aufzubauen.

Werden unsere Schüler als Kleinkinder keiner solchen Grundlage teilhaftig, so müssen wir ihnen später, wenn sie Schulkinder, Jugendliche oder gar schon Erwachsene sind, eine solche verschaffen. Denn ohne den richtigen Grund wird unser Erziehungswerk auf unsicheren Füßen stehen.

Die Art und Weise des Aufbaus richtet sich allerdings nach der individuellen Eigenart des Unterrichtenden. So zeigen wir ihnen in der folgenden Lektion auch nur einen, *nicht* den Weg. *Zudem läßt sich sein Ausgangspunkt nicht vordemonstrieren, denn er liegt bereits im Säuglingsalter.*

Bereits auf jener Stufe wird das Gehör durch die zuerst aufgenommenen Geräusche, Töne, Klänge beeinflußt, ja, sie sind sogar mehr oder weniger ausschlaggebend für die Entwicklung. So stumpft zum Beispiel Lärm das Gehör ab, während komplizierte Musik und Sprache die Aufmerksamkeit zerstreut. Dies empfinden die Mütter intuitiv und finden von sich aus die richtige «Säuglingssprache», während Außenstehenden sehr oft das Verständnis dafür fehlt.

Natürlich bleibt es auch weiterhin von Bedeutung, welche Sprachformen, welche Musik an das Kind herangebracht werden. Die leider immer häufiger schon im Kleinkindesalter auftretende Nervosität, die Interesselosigkeit an akustischen Vorgängen sind größtenteils bedingt durch schlechte, der Entwicklungsstufe nicht angepaßte Tonqualität und -quantität. Denken Sie bei der Beurteilung eines Schülers an solche Ursachen. Klären Sie Ihre Umgebung, vor allem die Eltern Ihrer Schüler darüber auf. Wenn wir dem Vorgang des Horchens, der Ausbildung seines Aufnahmeapparates, dem Gehör, gleich von Anfang an genügend Aufmerksamkeit schenken, so erleichtern wir nicht nur dem Schüler, sondern auch uns die weitere Arbeit wesentlich.

Wir dürfen allerdings darob nicht vergessen, daß auch dem Erleben eine große Bedeutung zukommt. Dieses Erleben geschieht am besten, am eindrücklichsten in Verbindung mit der körperlichen Bewegung. Diesen Weg gezeigt zu haben, ist das Verdienst Jaques-Dalcrozes.

Seine Methode gibt die Möglichkeit, musikalische Erlebnisse trotz öfterer Wiederholung in immer wieder neuer oder zumindest veränderter Form an den Menschen heranzubringen.
Wiederholung ist notwendig, sie ist ein Einspielen, durch welches erst eine Vertiefung des Erlebnisses möglich wird.
Ein vertieftes Erlebnis drängt unwillkürlich zur Bewegung, zur Gestaltung. Daß dem so ist, sehen wir beim Kleinkind, welches alles Erlebte so rasch als möglich in Bewegung umsetzt.
Unter dem Einfluß der «Erziehung» verliert der Mensch diese ursprüngliche Reaktion, er lernt sich beherrschen. Leider führt diese Beherrschung sehr oft zu Hemmungen, welche die schöpferischen Kräfte unterbinden und oft ganz versiegen lassen.
*Soll sich aber der Mensch zur Persönlichkeit entwickeln, so müssen diese Kräfte in ihm wirken können. Es gehört zu den Aufgaben des Musikerziehers, auch in dieser Richtung dem Schüler zu helfen. Beginnend mit dem körperlichen Gestalten musikalischer Eindrücke, wird er ihn über rhythmische Schlagzeugimprovisationen zur melodischen und harmonischen Improvisation am Instrument führen und ihm dadurch nicht nur die Freude am eigenen Schöpfen und Schaffen, sondern auch das Verständnis für die Werke der Kunst vermitteln.**
Die ursprüngliche Dalcroze-Rhythmik war für Schulkinder und Jugendliche konzipiert. Als Mimi Scheiblauer ihren Unterricht auch auf Vorschulpflichtige ausweitete, erkannte sie jedoch, daß die Übungen für kleine Kinder zu abstrakt waren. Dies erforderte einen ganz neuen Aufbau des gesamten Unterrichts. Sie kleidete alle Übungen in die dem Alter entsprechende Form des Spiels: das spielerische Hin-Schauen (z.B. den Weg eines Balls verfolgen), das Hin-Hören (sich auf einen Ton konzentrieren bis zu seinem vollständigen Verklingen) waren nicht nur von Bedeutung als Sinnesübungen, sondern sie führten das Kind auch zur Konzentration. Dem selben Zweck dienten Gleichgewichts-, Koordinations- und Mutübungen, welche zugleich die Körperbeherrschung schulten und das Selbstbewußtsein stärkten. Durch das Üben von Führen, Folgen und sich Einordnen sollte das Kind sein soziales Verhalten entwickeln. Auch dieses Ziel galt es, in einfachen, überschaubaren Aufgaben zu verfolgen: indem das Kind sich allein im Raum bewegen oder

gemeinsam mit andern – ohne Kommando – etwas bauen sollte. Dabei galt es, stets zu beobachten, welche Kinder sich nicht einordnen *konnten* und welche sich nicht einordnen *wollten*.

Trotz ist in diesem Alter eine durchaus normale Äußerung des kindlichen Selbstbewußtseins. In dieser Situation bietet sich die Rhythmik als beinahe ideale Hilfe an: *Wenn ein Kind nicht will, muß ich in Erfahrung bringen, was es will. Erziehen heißt, zu etwas hinführen, nicht befehlen.* Auch der Trotzkopf folgt gerne der Musik. (Wenn jedes Kind auf einem Stuhl sitzt, die Musik «bimmelbammel» spielt, baumeln alle Beine von selber.) Er geht den Weg nach, den der Reifen gelaufen ist, und reagiert auf die rot-grüne Ampel und andere frei erfundene «Verkehrssignale».

Musikalisch-rhythmische Signale werden als zum Spiel gehörig empfunden. Damit wird der Widerspruch des Kindes ohne Verletzung oder Unterdrückung entkräftet. *Eine Extra-Freude bereiten wir dem Kind, wenn es Lehrer sein und seinem Erzieher durch «hopp» befehlen darf. Fürchten Sie nicht, daß Sie dabei Ihre Autorität verlieren; das Kind wird im Gegenteil mehr Vertrauen zu Ihnen haben, wenn Sie für einmal Ihr Erziehungsszepter in seine Hand legen.* (Lobpreisung 111, Nov. 1952)

Fantasie und Geschicklichkeitsübungen wecken den kindlichen Gestaltungswillen.

Begriffe sollte das Kind möglichst umfassend, von allen Sinnen her, erleben können. Diese Forderung wurde immer wichtiger, je mehr die Hektik des modernen Lebens das Kleinkind der Möglichkeit beraubte, Eindrücke harmonisch zu verarbeiten. Dabei achtete Mimi Scheiblauer strikt darauf, die Reihenfolge *Erleben – Erkennen – Benennen* einzuhalten; *das ist das Lebensprinzip eines absolut gesunden Kindes.* Jeder Begriff muß, da bekanntlich das Abstraktionsvermögen dem Kleinkind noch fehlt, mit seinem Gegenbegriff zusammen eingeführt werden (auf dieser Stufe die Grundbegriffe wie «laut-leise», «klein-groß», «kurz-lang» und Übergangsbegriffe wie «steigen», «wachsen», «fallen»).

In diesem Alter ist es besonders wichtig, daß man keine körperliche oder geistig-seelische Entwicklungsstufe überspringt. Aus dieser Erkenntnis heraus gelangte Mimi Scheiblauer zur Überzeugung, daß erst vierjährige Kinder reif seien für eigentlichen Rhythmikunterricht. Vorher sei ein Kind noch nicht bereit, sich einer Gruppe einzuordnen, halte es auch eine Stunde nicht durch. Wenn ein Kind zu früh gezwungen werde, mit andern zu spielen, werde irgendwann einmal die Zeit kommen, in der es das Allein-Spielen nachholen wolle.

Von gleich großer Bedeutung wie eine systematische Ausbildung der Sinne für die Entwicklung der Konzentration ist das kindliche Spiel. Das Spiel ist die allerbeste Vorbereitung auf die Arbeit. Die Hingabefähigkeit an eine Tätigkeit, das sich Versenkenkönnen in eine Arbeit, muß das Kind durch das Spiel lernen. Wird ihm diese Möglichkeit nicht oder nur ungenügend geboten, wird es im Spiel durch den Erwachsenen gestört, indem er dreinredet, das Spiel unterbricht, es nicht ernst nimmt, so wird das Kind später auch die Arbeit nicht als ernste Tätigkeit werten, sich ihr nicht hingeben können.

Psychologische Forschungen haben die große Bedeutung des Spiels für den Menschen ergeben, und wir möchten den Erziehern nahelegen, ihren Zöglingen die verschiedensten Möglichkeiten des Spielens zu verschaffen und vor allem das Spiel als eine sehr ernst zu nehmende Tätigkeit anzusehen.

3. Ballspiel

Ein Ball! Welch einzigartiges, herrliches Spielzeug! Doch welches Kind ist in unserem mechanisierten, technischen Zeitalter noch in der glücklichen Lage, nach Herzenslust Ball spielen zu können? Sind nicht unzählige Verbotstafeln, sichtbar und unsichtbar, aufgestellt, die besonders dem Stadtkind das Ballspiel verunmöglichen? Von welch großer Bedeutung ein Ball für ein Kind sein kann, welche Glückseligkeit sein Besitz auszulösen vermag, ermessen wir, wenn wir miterleben, wie ein kriegsgeschädigtes, ein Flüchtlingskind, ein körperbehindertes oder ein psychisch krankes zum erstenmal einen Ball in den Händen hält oder mit ihm spielt.

... Unzähligen dieser Kinder hat das Ballspiel über ihre seelischen und körperlichen Nöte hinweggeholfen:

Da ist ein Junge, der während der ganzen Kriegszeit in einem Keller, in engstem Raum lebte und dessen Bewegungstrieb nun in der Freiheit eines normalen Lebens nicht zu bändigen ist. Mit sieben Jahren hält er zum ersten Mal einen Ball in seinen Händen, bestaunt,

betastet und dreht ihn, stößt ihn dann zart auf einem Stuhl hin und her und ist von da an fähig, seine Bewegungen zu beherrschen.
Da ist eine Schar jener verängstigten, der natürlichen Bewegungsfreiheit beraubten Kinder eines Flüchtlingslagers, die kein eigenes Spielzeug besitzen. Sie halten den Ball krampfhaft fest, und wenn gleichwohl einer zu Boden fällt, wird ihm entsetzt, ja verzweifelt nachgeschaut; kein Kind wagt es, ihn zu holen. Wie nun aber die Bälle fallen dürfen, lustig vom Boden aufspringen, fortrollen, erfassen die Kinder instinktiv das Reizvolle dieses Bewegungsablaufes und ahmen das Spiel des Balles mit ihrem ganzen Körper nach. Die Gesichter werden immer fröhlicher, die Bewegungen immer gelöster.
Vor uns sitzen an großen Tischen Kinder mit gelähmten Beinen. Die Lehrerin zeigt zum ersten Mal, wie man auf dem Tisch Ball spielen kann: wie er einem Kind zugerollt wird, wie er aufgeschlagen, aufgeworfen, gedreht werden kann und wie er sich sogar genau nach der Musik bewegt. Die Erkenntnis, trotz ihrem schweren Gebrechen Ball spielen zu können, erweckt in diesen gelähmten Kindern eine unbeschreibliche Freude, spornt sie zu immer neuen Bewegungsversuchen an, so daß ein uneingeweihter Neueintretender glaubt, eine Schar unbehinderter, an Tischen spielender Kinder vor sich zu haben.
Wir haben mehrere Spielarten, beispielsweise das Rollen, das Fallen, das Werfen und das Fangen.
Der rollende Ball allein schon reizt den Bewegungstrieb, bringt gehemmte Kinder in Bewegung, zieht die Aufmerksamkeit auf sich, entwickelt die visuelle Konzentration. Die Übung wird erschwert, wenn das Kind dem Ball nicht sofort nachlaufen, sondern ihn erst holen darf, wenn er ruhig ist oder wenn z. B. durch den Ton eines Instrumentes der Befehl zum Holen gegeben wird. Durch diese Übung lernt das Kind die Beherrschung seines Bewegungstriebes.
Das Rollen des Balls von Mensch zu Mensch schafft Beziehungen, darf als soziale Übung gewertet werden. Das Rollen eines Balls dem inneren Rand eines Reifens nach diszipliniert die Muskelinnervation. Es verlangt sorgfältiges Stoßen, denn unbeherrschtes läßt den Ball aus dem Reifen springen. Das Rollen kann in unzähligen, oft vom Kind selber erfundenen Varianten geübt werden. Rollt der Ball

z.B. unter einem Möbel hindurch, wird sofort die Fantasie des Kindes angeregt. Es versucht auf die verschiedensten Arten, weitere Tunnels zu bauen und findet immer neue Möglichkeiten.

Der fallende *Ball federt vom Boden, um nochmals in immer rascherer Folge und kleiner werdenden Abständen sich auf- und abwärts zu bewegen und endlich liegen zu bleiben. Dieses Auf und Ab gibt, außer dem visuellen, auch einen akustischen Eindruck, den das Kind oft durch Klatschen oder Aufspringen nachahmt. Wir können durch Fallenlassen des Balls von verschiedenen Höhen (Kopf-, Schulter-, Kniehöhe) verschiedene rhythmische Abläufe entstehen lassen. Solche rhythmische Eindrücke sind sehr wertvoll für die Entwicklung des rhythmischen Sinns.*

Fällt der Ball aus einer Schachtel, einem Deckel oder ähnlichen Behälter, so soll das Kind versuchen, den Ball mit dem gleichen Gegenstand aufzufangen. Dies schult die Reaktionsfähigkeit, entwickelt die Elastizität und schult die Koordination von Bewegung und Sinnen.

Wertvoll ist auch, den Ball auf einem flachen Gegenstand herumzutragen; das Kind lernt dadurch, etwas waagrecht zu tragen. Es gibt Kinder, die dies unermüdlich üben. Man kann die Übung erschweren, indem zwei zusammen den Gegenstand tragen müssen, ohne daß der Ball herunterfällt.

Das Werfen *des Balls durch das Kind ist in der Wohnung kaum zu üben.*

Das Auffangen *hingegen kann mit Hilfe der Mutter gelernt werden. Die Mutter sollte immer wieder dem Kind aus kurzer Entfernung den Ball in seine Hände fallen lassen, nach und nach auch zuwerfen. Dadurch lernen die Hände ein schnelles Zugreifen und Festhalten, die Augen eine dauernde Aufmerksamkeit, wichtige Handhabungen, deren Beherrschung dem Menschen auf allen Lebensstufen zustatten kommt.* (Lobpreisung 149, Sept. 1956)

Spiel, Arbeit und Wirklichkeit sind dem Vorschulkind eins. Der Sinn liegt im Tun selber, im eminent wichtigen Experimentierendürfen. Dazu sagte Mimi Scheiblauer in ihrem letzten Kurs in Leitershofen: *... und das wollen Sie sich bitte aufschreiben, das ist eine Forderung, die ich an Sie stelle: Geben Sie dem Kind die Möglichkeit, zu experimentieren, Erfahrungen zu sammeln, die nicht von Ihnen* *befohlen werden.* Dann nennt sie Beispiele von Übungen und fährt fort: *Sie müssen dem Kind genügend Zeit lassen, auf seine Art und Weise zu experimentieren. Das Kind lernt dabei selbständig zu denken und selber Schlüsse zu ziehen, was ihm in seinem späteren Leben von Nutzen sein wird. Ich glaube allerdings, daß es für viele Erzieher das Allerschwerste ist, das Kind «machen zu lassen».*

Seit Bestehen des Rhythmikseminars hatten Schülerinnen von Mimi Scheiblauer auf den Wunsch von Kindergärtnerinnen in stadtzürcherischen Kindergärten unterrichtet. Von 1931 an erteilte Mimi Scheiblauer Kindergartenseminaristinnen und angehenden Hortnerinnen eine Rhythmikstunde pro Woche. Bei der Neukonzipierung des Ausbildungsplans 1936 wurde diese Wochenstunde ergänzt: Die Schülerinnen hatten in einer Kindergartenlektion von Mimi Scheiblauer, welche anschließend besprochen wurde, zu hospitieren. Dies als praktische Anleitung, die Elemente der Rhythmik in den Unterrichtsablauf einzubauen. Gleichzeitig ermöglichte man den Schülerinnen, fakultativ in den Privatstunden für Vorschulpflichtige zu hospitieren.

Schulkinder

In seinem Werk «Erziehung durch Rhythmus und Leben» nennt Friedrich Struwe die rhythmische Erziehung «den Weg zur Bildung des idealen Menschen». Demnach darf diese Erziehung nicht einseitig gerichtet, nur musikpädagogischen Zwecken dienen, sondern sie muß, um ihren Namen voll und ganz zu verdienen, in engster Verbundenheit mit dem Leben, so vielseitig wie möglich gestaltet und jedem Menschen zugänglich gemacht werden. Nur dann wird es ihr gelingen, den Menschen in seiner ganzen Persönlichkeit zu erfassen, wenn sie seinen Körper, seine Seele und seinen Geist gleichmäßig zu bilden, zu entwickeln vermag.

Wir erziehen mit Hilfe des Rhythmus, also müssen wir vorerst die ihm eigenen Wesensmerkmale, seine Gesetzmäßigkeit, Ordnung, Form und Dynamik kennen lernen; dies geschieht durch Erleben, wobei wir erkennen, daß diese Merkmale nicht nur zur Eigenart des musikalischen Rhythmus gehören, sondern sich in jedwedem rhythmischen Geschehen, welcher Art es auch sein mag, nachweisen lassen. Mittels dieser Gleichartigkeit aller rhythmischen Abläufe lassen sich die Beziehungen schaffen, welche Bedingung sind für ein gutes Gemeinschaftsleben wie für eine günstige Entwicklung des einzelnen. Auch das Verständnis für alle Künste, die durch die Ähnlichkeit des rhythmischen Geschehens untereinander wie mit dem Leben verwandt sind, wird mit Hilfe des Rhythmus geweckt und entwickelt.

Wie der Mensch zu diesen Zusammenhängen hingeführt wird, wie er sie erlebt und seelisch wiedergibt, wie sein Wissen von allgemeinen und musikalischen Begriffen bereichert, sein Körper geschult wird, seine Beziehungen zu den Mitmenschen vertieft werden, all dies sollte die Skizze einer Rhythmikstunde zeigen; sie möchte es wohl, aber sie kann es nicht voll und ganz, denn ein rhythmisches Erleben läßt sich nicht vollständig in Worten ausdrücken.

Die folgenden Übungen ergaben sich aus einer rhythmischen Arbeitsstunde, in welcher der Begriff «Rhythmus» im weitesten Sinne gefaßt, mit 9- bis 12jährigen Kindern, Knaben und Mädchen, durchgenommen wurde: Die Kinder halfen überaus aktiv beim Gestalten der Stunde mit.

Jedes Kind geht für sich kreuz und quer durch den Saal; da dies von

20 Kindern gleichzeitig getan wird, entsteht eine große Unordnung. Wie ist derselben abzuhelfen? Kinder: *Wir legen Reifen auf den Boden und suchen uns einen Weg. Wir denken uns zuerst den Weg aus. Wir wollen am Ende des Weges wieder beim Ausgangspunkt stehen. – Diese Vorschläge werden ausgeführt, es ist schon mehr Ordnung im Betrieb, aber es gibt doch noch Zusammenstöße!*

Kinder: *Ja, man muß eben langsamer gehen, wenn jemand entgegenkommt, man muß ausweichen, stehenbleiben, rückwärtsgehen. – Bei der Wiederholung des Weges wird je nach Gutdünken der eine oder andere Vorschlag berücksichtigt; es kommt Ordnung in das Ganze. Wir wiederholen den Weg des öftern. Wem fällt etwas auf?*

Kinder: *Wir wissen immer genauer, wo wir schneller oder langsamer gehen müssen. Wenn man um einen Reifen herumgeht, macht man kleinere Schritte. Ja – man kommt in Schwung! Man macht Sprünge, man geht bald laut, bald leise, je nach Schrittgröße.*

Wir gehen nochmals den Weg und sagen bei jedem Schritt «ta». Bei den beschleunigten Stellen hebt sich unsere Stimme, beim Verlangsamen sinkt sie, es entsteht eine Melodie.

Wir erleben eine auf dem Klavier oder auf der Flöte gespielte Melodie, indem wir ihr Steigen und Fallen durch Heben und Senken der Arme in der Luft nachzeichnen. Nun singt ihr auch eine solche Melodie, sie muß genau zu eurem Weg passen. Wer seine Melodie sicher weiß, zeichnet sie an die Tafel. Die Kinder empfinden gewisse Ähnlichkeiten mit Hügelketten, Flußläufen, Hausdächern. Durch das Suchen einer Melodie ist der Rhythmus des Weges etwas aus dem Gedächtnis entfallen; wir nehmen deshalb den Weg nochmals auf und unterstützen den Rhythmus durch Schlagzeug. Jeder Schüler darf sich ein Instrument wählen (Triangel, Schlaghölzchen, Becken, Xylophon).

Durch die Verwendung von Schlagzeug entsteht eine Menge neuer Übungen. Ein Kind entdeckt, daß die genaue Unterstützung des gelaufenen Rhythmus stört, es spielt darum nur in den Pausen auf seinem Instrument; ein anderes schlägt den Takt, ein drittes spielt zuerst auf dem Instrument, führt dann seinen Weg aus und schließt wieder mit dem Instrument. Kurz und gut, es gibt beinahe soviel verschiedene Ausführungen, als Kinder da sind, und demzufolge auch ebensoviele Möglichkeiten für die Lehrerin, an Hand dieser von den Kindern gefundenen Beispiele mit der Klasse über die verschiedenen Arten von Begleitung in der Musik zu reden. Zum Schluß der Stunde geht ein Kind nochmals seinen Weg, während das Schlagzeugorchester den Solisten begleitet.

Die Kinder haben in dieser Stunde den Begriff der Ordnung, der Form, der Notenwerte, Ruhepunkte der Melodie, der Dynamik der Begleitung erlebt. In der nächsten Rhythmikstunde wiederholen wir auf Wunsch der Kinder diese Übungen; mit dem Unterschied, daß die einzelnen Begriffe nun benannt werden: Auch bauen die Schüler ihre Wege reicher aus, was wiederum Gelegenheit gibt, über Verzierung, Ausschmückung zu reden. Im weiteren Verlaufe des Unterrichtsjahres wird irgendeines der anfangs erwähnten Merkmale herausgegriffen, z.B. die Dynamik. Wir erleben sehr intensiv das körperliche Kräftespiel, welches in der musikalischen Nuancierung, im Farbenspiel der Malerei, im Schattieren einer Zeichnung wie im Schreiben wiederkehrt; oder aber wir befassen uns mit Formen in der Natur und suchen die entsprechenden in der Sprache, in der Musik, in der Baukunst.

Unerschöpflich wie das Leben ist der Stoff, welcher der rhythmischen Erziehung zur Verfügung steht, der Lehrer muß es nur verstehen, ihn den Fähigkeiten seiner Schüler anzupassen und die Zusammenhänge, dem Verständnis des Kindes entsprechend, klar herauszuarbeiten.

Da die Rhythmik die schöpferischen Kräfte des Kindes weckt, wird der Lehrer seinerseits immer neue Anregungen bekommen, Geben und Nehmen treten dadurch in die schönste, idealste Wechselbeziehung. *

Während der Schulzeit hat die musikalisch-rhythmische Erziehung die Aufgabe, einen Ausgleich zu schaffen. Je mehr das Kind oder der Jugendliche durch die intellektuelle Schularbeit in Anspruch genommen wird, desto größer ist sein Bedürfnis nach körperlicher Betätigung. Das Turnen in der Schule genügt diesem Bedürfnis nur selten, ist es doch, wie der Sport, meistens zu einseitig körperlich auf Technik und Rekord eingestellt. Darum hat hier die musikalisch-rhythmische Erziehung ganz besondere Aufgaben zu erfüllen. Vor allem muß sie versuchen, Verkrampfung zu verhindern und zu lösen, muß dem Schüler Gelegenheit geben, seine Eigendynamik auszule-

ben. Nicht nur als befreiendes, sondern auch als ordnendes Prinzip bietet sich dabei der musikalische Rhythmus an. Denn er weckt durch seine Form den Sinn für Ordnung, vermittelt durch sie den bedeutsamen Wechsel von Bewegung und Ruhe, regt durch das Dynamische das Schöpferische im Menschen an, welches sich im Ausdruck, im Nach- und Neuschaffen auslösen kann.
In welcher Art und Weise dies an die Schüler herangebracht wird, ist Sache der Rhythmiklehrerin. Sie muß fühlen und wissen, welche Übungen der jeweiligen Verfassung ihrer Schüler entsprechen. (Mimi Scheiblauer, 1937)
Nach ihren eigenen Aussagen waren ihr dabei ihre persönlichen Jugenderlebnisse eine große Hilfe. Ihr Weitblick verstand schon damals unter Bildung die Vorbereitung auf ein erfülltes Erwachsenenleben, nicht eine Anhäufung von Wissen. Keine Übung diente einem einzigen Zweck: Mit den anspruchsvollen Konzentrationsübungen verbanden sich die Entwicklung der inneren Vorstellungsgabe und der Ausdauer. Straffe, musikalisch-rhythmische und musikalisch-formale Arbeit förderte innere und äußere Selbständigkeit. Immer wichtiger wurde die Gruppe der Ordnungsübungen aller Art, etwa nach folgendem Muster:

Ordnung im Raum: «Jedes ist ein Tier und geht ohne anzustoßen herum. Es hat aber einen Stammplatz. Auf ein Zeichen akustischer, visueller oder taktiler Art versucht es (eventuell mit geschlossenen Augen), heimzufinden.» (Anregung einer Lehrerin)

Ordnung in den Dingen: «Wenn jeder einen Reifen holt oder versorgt, soll das einer nach dem andern tun, ohne Hast, ohne Lärm und in Ehrfurcht vor der handwerklichen Arbeit. Ähnliche Abläufe können in stets wieder neue Übungen eingebaut werden.» (Mimi Scheiblauer)

Ordnung in sich selber: «Mit geschlossenen Augen sitzen oder liegen. Der Name eines Kindes wird geflüstert, dazu etwas Schönes (Blume, Schmetterling, Flugzeug, Katze), je nach Kind. Wenn der Schüler eine Weile darüber nachgedacht hat, steht er leise, um die andern nicht zu stören, auf, seine Vorstellung zu zeichnen, zu singen oder körperlich zu gestalten. – Eine Möglichkeit, auf dieser Stufe sich selber zu befehlen, die Verantwortung für sein Tun zu übernehmen.» (Lehrerin)

Schulkinder wollen ernst genommen werden. Sie wollen groß sein, auch schwierige Aufgaben lösen und körperlich gefordert werden. Im Umfeld der Auflösung von Werten und Vorbildern muß der Lehrer um so mehr sich seines Standpunkts bewußt sein und genau wissen, was er will. Auch den Schülern erklärte Mimi Scheiblauer ganz genau den Sinn jeder Übung. Sie sprach einfach und klar und achtete sehr bewußt darauf, sich nicht zu wiederholen. Der moderne Jugendliche hat aus Gründen des Selbstschutzes gelernt, vorbeizuhören und vorbeizusehen. Er muß wieder lernen, die Eindrücke aufzunehmen. Er soll dazu erzogen werden, auszusondern, was wertvoll ist, es zu verarbeiten und in innerer Unabhängigkeit frei zu gestalten.

So lange wir keinen umfassenden Unterricht haben, möchte die Rhythmikstunde den Kindern diesen Ablauf vermitteln, damit sie ihn auf den Alltag übertragen können, um auch auf anderen Gebieten als den rein musikalischen bessere Fortschritte zu machen.

Reifezeit ist eine schwere Zeit, ganz besonders für den Jugendlichen, der sie durchleben muß, schwer aber auch für den Erwachsenen, der in Familie, Schule oder Berufsausbildung mit Jugendlichen zu tun hat.

Wir können dem Jugendlichen das Reifwerden nicht abnehmen, wir können ihn in dieser Zeit nicht so haben, wie wir ihn, vielleicht zu unserer eigenen Bequemlichkeit, gerne haben möchten, wir dürfen vor allem nicht versuchen, das Reifwerden zu hemmen, zu unterdrücken, zu beschleunigen. Es gibt kein Schema, nach welchem Reifezeit zwangsläufig abläuft. Doch vergessen wir nie: Das Reifwerden ist eine Entwicklungsnotwendigkeit. Ohne Reifwerden ist kein Reifsein möglich.

Die Mannigfaltigkeit der Pubertätserscheinungen ist die Ursache, daß wir, die Erwachsenen, dem Jugendlichen so oft hilflos gegenüberstehen. Wir finden keinen Zugang zu seinem Innern, denn er äußert sich kaum je über seine innere Verfassung, verschließt sich besonders den ihm am nächsten Stehenden.

Während das Kind im großen und ganzen, noch unselbständig, auch in seinem Fühlen und Denken, an seine Umgebung gebunden war, löst sich nun der Jugendliche kraft seiner geistigen Entwicklung von ihr, beginnt selbständig zu denken, zu beobachten, zu beurteilen, zu kritisieren. Und natürlich richtet er seine Aufmerksamkeit in erster Linie auf seine nächsten Angehörigen. Kommt er nun zur Erkenntnis, daß Wort und Tat nicht übereinstimmen, verliert er das Vertrauen, er beginnt aus diesem Grunde zu widersprechen, zu rebellieren, er wird frech und wendet sich ab und schaut sich bei fremden Menschen nach Hilfe um.

Nicht nur Ältere, auch Gleichaltrige können den Jugendlichen beeinflussen, begeistern, verführen. Ebenso rasch wie Begeisterung kann sich Ernüchterung einstellen, können Ideale wechseln. Beurteilen wir nicht oberflächlich, machen wir uns nicht lustig über den Pubertierenden. Er verdient Schonung, womit nicht Verweichlichung, auch nicht Bemutterung gemeint ist. Aber nehmen wir Rücksicht!

Interessante Einblicke gewinnt man in den Rhythmikstunden der Jugendlichen, besonders in den Gestaltungs- und Ausdrucksübungen, bei welchen die Knaben eher für sich arbeiten, während die Mädchen Verbindung mit den Mitschülern suchen und auch herstellen. Wir vernehmen sehr selten von den Jugendlichen direkte Erklärungen und Mitteilungen über ihren Seelenzustand. Selten wendet sich ein Jugendlicher in seiner Not mit Worten, mit direkten Fragen an uns. Es bedarf daher großen Einfühlungsvermögens, Takts und auch Wissens, vor allem vieler Geduld und vieler Liebe, um den jungen Menschen zu verstehen, um ihm wirklich zu helfen. Das allerwichtigste aber scheint mir, daß wir ihm Vertrauen schenken. Er muß fühlen, daß wir Zeit und Verständnis für ihn haben. Wir müssen aber auch den Mut haben, unsere Fehler ihm gegenüber einzugestehen. Und vor allem: Wir müssen ihm das Beispiel des ‹An-sich-selbst-Arbeitens› geben. Wir müssen uns befleißigen, absolut ehrlich zu sein, auch in den kleinsten Dingen, uns unter keinen Umständen Ausreden und Lügen zuschulden kommen lassen.

Außer dem guten Beispiel, das wir dem Jugendlichen geben können, haben wir noch andere Möglichkeiten des Helfens: Gutes, gesundes Selbstvertrauen muß im Pubertierenden geweckt werden. Ohne Selbstvertrauen gibt es keine Selbsttätigkeit. Ohne Selbsttätigkeit, dem Einsatz der schöpferischen Kraft, gibt es auch keine Selbstverantwortlichkeit.

Wir müssen uns die Mühe nehmen, zu forschen und zu finden, in welcher Richtung sich seine Gestaltungskräfte am besten bestätigen können. Wesentlich ist, daß wir den Jugendlichen zum freien Arbeiten, zum Improvisieren führen, denn nur das Selbergestalten macht wirklich frei. (Lobpreisung 5, Febr. 1968)

Erwachsene

Was nun die musikalisch-rhythmische Erziehung Erwachsener betrifft, so wird oft behauptet, Erwachsene bedürfen solcher Erziehung nicht. Beobachten wir aber, wie gehemmt und unfrei im allgemeinen die Bewegungen des Erwachsenen sind – und sie sind ja in gewissem Sinne Ausdruck seines Innern! –, so müssen wir ohne weiteres zugeben, daß auch er der musikalisch-rhythmischen Erziehung dringend bedarf. So einfach wie bei den jungen Menschen lassen sich allerdings Verkrampfung und Steifheit beim Erwachsenen nicht lösen.

Erst nach gezielten Lockerungsübungen folgen die rhythmischen Übungen. Diese werden in den verschiedensten Zeitmaßen und in zahllosen dynamischen Varianten ausgeführt. Dabei erlebt der Mensch die Bewegungsmöglichkeiten seines Körpers. *Eine ausgezeichnete Lockerungsübung für den Schultergürtel, der bei gehemmten Menschen meistens verkrampft ist, ist das Tätscheln eines gut aufspringenden Balls (mit Musik) mit abwechselnd rechter und linker Hand. Dieses Tätscheln kann bereits auf dem Boden sitzend geübt werden, dann stehend, dann auf dem Stuhl sitzend und sogar auf dem Stuhl stehend. Dann wieder in umgekehrter Reihenfolge bis wiederum auf dem Boden sitzend. Dabei sollte der Ball nie fortrollen, eine Übung, die man selbst großen Jungen zumuten darf und die ohne viel Übung wirklich gut gelingt.*

Das Studium des Körperrhythmus, welches den Körpersinn, das Gefühl für die Bewegung entwickelt, schafft zudem die Beziehung zum musikalischen Rhythmus. Dadurch werden wiederum neue Bewegungsfolgen gewonnen.

Wo die eigene Ausdrucksentfaltung gehemmt ist, hilft die Musik, sie zu lösen, weil der Mensch, wenn er sich ihren Gesetzen unterstellt, seine Befangenheit vergißt.

Den Gedanken, *gib dem Menschen einen Gegenstand, dann vergißt er, daß er sich bewegt; der Gegenstand bewegt ihn,* setzte Mimi Scheiblauer in die Tat um. Sie ließ die erwachsenen Schüler mit Pflöcken und Stäbchen bauen. Das Entstandene wurde gemeinsam von allen Seiten betrachtet. So vermittelte sie ihnen etwa die Erkenntnis des «Standpunktes», des «Gesichtswinkels» und deren Bedeutung im menschlichen Zusammenleben.

Das Spiel und die dadurch entstehenden Bewegungsmotive führen dann im weiteren Verlauf zu Bewegungsimprovisationen. Improvisation ist aber nicht ein ungeordnetes Drauflosphantasieren oder gar ein hemmungsloses Sich-Bewegen, wodurch nichts erzieherisch Wertvolles entstehen würde; Improvisation ist viel mehr: geordnetes, in Form gebrachtes Gestalten. Da aber Formen sich sowohl in der Natur wie auch in der Kunst finden, kann durch die geformte Bewegungsimprovisation eine Beziehung zu diesen andern Formen hergestellt werden. Dadurch wird das Verständnis für Analoges wie auch für das Symbolschaffen geweckt und gebildet.

Auch Künstler aller Sparten kamen zu Mimi Scheiblauer, arbeiteten eine Zeitlang unter ihrer Führung und übernahmen Ideen und Übungen für ihr eigenes Gestalten. – Die Kraft des Selbstvertrauens muß auch bei ihnen immer wieder geweckt werden. Gepaart mit ihrem fundierten künstlerischen Wissen und der großen erzieherischen Erfahrung führte Mimi Scheiblauer den Schüler auf den ihm geeigneten Weg und gab ihm Sicherheit und Unabhängigkeit. *Die Selbständigkeit so weit bringen, daß man über seinen eigenen Fehlern steht,* war das Ziel.

In der Ordnung der Musik wurden die Elemente der Kunst körperlich erlebt. Drei Dinge mußten vor allem geübt werden: die Beweglichkeit von Körper und Geist, deren Beherrschung und die Geduld mit sich selber und seiner eigenen Entwicklung.

Konzentration

Für Menschen ähnlicher Blickrichtung schien Mimi Scheiblauer ein eigenes Sensorium zu haben. Wo sie eine ihrem Anliegen dienende Begegnung erhoffte, schaffte sie sofort Kontakte. Diese Einstellung war wohl der Hauptgrund für die Großzügigkeit, mit der sie Außenstehende an ihrem Unterricht teilnehmen ließ. Jeder, der sich für die Arbeit interessierte, war willkommen. Um so mehr betrübte es sie (und ihre Schüler), als geschäftstüchtigere Leute ihre Übungen kopierten, effektvoll als «pädagogische Rhythmik» anpriesen, die mit der von ihr in Jahrzehnten aufgebauten Rhythmik nicht das geringste gemein hatte.

Über diese Enttäuschung hinweg half ihr der Gedanke an die vielen, die ihre Idee aufgenommen hatten und mit Ernst daran weiterbauten.

Der Einsicht der Notwendigkeit einer Erziehung zur Konzentration verschließt sich kein ernster Erzieher. Tatsächlich wird heute intensiv nach neuen Methoden zur Entwicklung der Konzentrationsfähigkeit geforscht. Wir wissen, daß in erster Linie der Erzieher selber das Beispiel stärkster Konzentrationsfähigkeit geben muß, bevor er sie vom Kind verlangen kann. Dessen sollten sich Eltern, Kinderpflegerinnen, Kindergärtnerinnen in allererster Linie bewußt sein. Damit er ein Beispiel geben kann, darf allerdings der Erzieher in seiner Selbsterziehung nie ermüden. Dies bedingt ein großes Maß an Selbstdisziplin, an Verzichtenkönnen, an Aufgeben der Bequemlichkeit und hat sehr oft schwere Auseinandersetzungen mit dem lieben «Ich» zur Folge. So unangenehm sie sein mögen, liegt in ihnen doch die Kraft zur Weiterentwicklung des Erziehers, welche auch seinen Zöglingen zugute kommt.

Die Selbsterziehung des Erwachsenen hat sich in erster Linie auf die soziale Ein- und Umstellung zu konzentrieren. Wir Erwachsene geben der Jugend zu oft das Beispiel der Gleichgültigkeit, Verständnislosigkeit oder Unduldsamkeit unseren Mitmenschen gegenüber, als daß die Jugend von sich aus die Hingabe an Gemeinschaftsinteressen, das Dienen und Helfen pflegen würde. Darum haben die Erzieher in erster Linie ihre Konzentration auf die Beziehung der Menschen untereinander zu richten, ihr Einfühlungsvermögen in fremdes Leben und Leiden auszubilden und zu verfeinern, ihre

Handlungen unter die kritische Frage zu stellen: Dienen sie den Mitmenschen oder werden sie in eigenem Interesse vollbracht? Die Konzentration soll nicht nur für große Taten aufgespart werden, sondern muß auch auf die kleinen Alltäglichkeiten, die man so gerne als Kleinigkeiten ansieht, gerichtet sein.

Obgleich das Beispiel des Erwachsenen für die Erziehung von großer Bedeutung ist, muß doch auch die kindliche Konzentrationsfähigkeit systematisch geschult werden. Um sie richtig und zielbewußt vorzunehmen, muß man sich klar sein, was Konzentration ist: auf einen Punkt gerichtete Aufmerksamkeit. Der durch Anlage oder durch falsche Erziehung unkonzentrierte Mensch neigt begreiflicherweise gerne zu der Auffassung, Konzentration sei eine unbequeme, unnatürliche und ermüdende Anspannung der Aufmerksamkeit. Eine solche Einstellung, der wir heutzutage besonders häufig bei Jugendlichen begegnen, kann allerdings beim Konzentrierenmüssen Verkrampfungen hervorrufen. Wo aber innere Bereitschaft zur Aufmerksamkeit vorhanden ist, stellen sich selten Hemmungen ein.

Die Konzentration ist immer mit einer Sinnestätigkeit verbunden. Demnach werden durch die Konzentration auch die Sinne und deren Gedächtnis geschult. Die Ausbildung der Konzentration bedarf gewisser Zeit, verlangt besonders von seiten des Erziehers viel Geduld, denn: Es ist von größter Bedeutung, daß das Kind Zeit hat zum Erleben und Verstehen eines Sinneseindrucks. Es wurde nachgewiesen, daß Kinder durch ein Zuviel an Eindrücken das Interesse verlieren und oberflächlich und unkonzentriert werden. Die Gefahr besteht ganz besonders in akustischer Hinsicht, denn man redet im allgemeinen zu viel an das Kind hin, wiederholt sich in Erklärungen und Befehlen, redet vor dem Kind von Dingen, die es noch nicht versteht oder von welchen es nichts hören sollte. Auch die visuellen Eindrücke folgen sich meistens in zu raschem Wechsel, wodurch die Aufnahmefähigkeit durch das Auge geschwächt oder überreizt wird. Die Möglichkeit taktiler Erlebnisse hingegen wird zu wenig geboten. Infolgedessen ist dieser für das Einfühlungsvermögen wichtige Sinn bei den meisten Menschen verkümmert.

Der Körper- und Bewegungssinn wird heute weitgehend durch Gymnastik entwickelt, doch kann auch er durch unvernünftige

Rekordleistungen geschädigt werden, während er sich durch rhythmische Schulung besonders unter dem Einfluß der Musik zu einem außerordentlich feinen Instrument der Ausdrucksgestaltung ausbilden läßt. Mit der Erziehung zur Konzentration kann früh begonnen werden. Die Grundlage dazu wird gelegt durch den ausgeglichenen Tagesablauf des Säuglings. Bereits in dieser Zeit ist wegen des frühkindlichen Nachahmungstriebes das Beispiel der Erwachsenen von nicht zu unterschätzender Bedeutung.
Durch die systematische Ausbildung der Konzentration wird der junge Mensch hingabefähig, wird aufgeschlossen für wesentliche Zusammenhänge, erlernt Zeit und Kraft zu sparen und das Leben bewußt zu leben. (Lobpreisung 50, Okt. 1946)

Das Arbeiten mit Behinderten

Gehörlose

Zu Recht haben Philosophen, Pädagogen und Dichter immer wieder darauf hingewiesen, daß uns in der Musik ein einzigartiges Erziehungsmittel gegeben sei.

Auf welch geheimnisvolle Weise Musik in den Menschen eindringt und ihn beeinflußt, zeigt sich wohl am besten in der Arbeit mit Taubstummen. Der Leser wird sich fragen: Können Taubstumme überhaupt Musik hören? Nein, sie fassen sie nicht durch das Gehör auf wie wir, sondern durch jenen Sinn, der im allgemeinen mit Tastsinn bezeichnet wird, den wir aber besser Vibrationssinn nennen. Der Blinde lernt durch Ertasten die ihn umgebenden Gegenstände kennen. Es handelt sich dabei um ein Erfassen eines gewöhnlich in Ruhelage sich befindenden Körpers. Der Vibrationssinn hingegen fängt Schwingungen auf, die durch die Luft an uns herangetragen werden. Er ertastet also Bewegtes. Wir wissen: Geräusche, Töne verursachen Erschütterungen der Luft, welche als Schwingungen unseren Gehörapparat treffen. Eben diese Schwingungen treffen auch unsere Haut, welche an manchen Stellen besonders empfindlich ist, z.B. an den Fingerspitzen und an der Wange. Auch unsere Knochen sind Empfangsstationen der Schwingungen. Ich erinnere an die Erschütterungen durch die Orgelklänge, welche man besonders an der Wirbelsäule, am Ellbogen oder auch am Knie spürt.

Dieser Vibrationssinn läßt sich bei Hörenden wie bei Gehörlosen ausbilden. Beim Gehörlosen arbeitet er, ungestört durch gleichzeitige Gehörseindrücke, von vornherein differenzierter. Er läßt sich beim Taubstummen durch systematische Übung so weit ausbilden, daß er zu einem, dem Mikrophon vergleichbaren, fein arbeitenden Aufnahmeapparat wird.

Wie gesagt, das Gefühl für die Vibration ist jedem Menschen angeboren, es ist beim Säugling sogar sehr ausgesprochen vorhanden, wird später durch den Gehörsinn zurückgedrängt und tritt kaum ins Bewußtsein. Und doch arbeitet es gleichwohl, dieses Gefühl, dieser Vibrationssinn. Er ist das Organ, mit welchem auch

wir, die Guthörenden, die Musik erst recht eigentlich erfassen und zutiefst erleben. Er ist das Organ, durch welches die seelische und geistige Beeinflussung des Menschen überhaupt nur möglich ist.
Die Ausbildung des Vibrationssinns *geschieht bei den Gehörlosen folgendermaßen: In der wöchentlich einmal stattfindenden Rhythmikstunde werden den Schülern vorerst die Vibrationen durch Fühlen am Klavier zum Erlebnis gebracht. Die Kinder lehnen sich mit dem ganzen Körper, später in der ihnen am besten scheinenden Stellung, an das Instrument und lernen, die empfangenen Schwingungen nachträglich in entsprechende Bewegungen des Schreitens, Hüpfens, Springens umzusetzen. Dann wird als Vermittler der Schwingungen das Tamburin herangezogen, welches, vom Kind mit der einen Hand gehalten und mit der anderen befühlt oder an Wange oder Stirn gehalten, bereits ein freieres Sich-Bewegen im Raum und ein unmittelbares Sich-nach-Musik-bewegen zuläßt. Genau gleich wie in den Rhythmikstunden der normalhörenden Kinder werden die taubstummen Kinder in die Elemente der Musik eingeführt, werden durch Musik gebildet und erzogen. Mit der Zeit, es braucht aber Jahre sorgsamer Arbeit, wird das Fühlen am Klavier und am Tamburin immer weniger notwendig, die Schwingungen werden durch den Boden und durch die Luft wahrgenommen, der ganze Körper ist zum Aufnahmeapparat geworden, der Taubstumme bewegt sich nach Musik gleich wie der Guthörende.*
*So einfach sich dies liest, so einfach ist allerdings die Ausbildung des Vibrationssinns nicht. Es können gewisse Faktoren als störende Elemente der Ausbildung im Wege stehen, gibt es doch auch unter den Taubstummen schwachbegabte, gehemmte, nervöse und schwererziehbare Kinder, welche der feinen, für sie manchmal sehr mühsamen Arbeit, wie sie die Entwicklung des Vibrationssinns erfordert, nicht ohne weiteres zugänglich sind. Aber auch bei solchen Kindern läßt sich der gute Einfluß richtig gewählter Musik beobachten.**
In ihrem Aufsatz über die Bedeutung des Vibrationsphänomens beschreibt Mimi Scheiblauer, wie sie zu ihrem Interesse an den Gehörlosen kam:
Helen Kellers Buch «Mein Leben» hatte bei seinem ersten Erscheinen auf mich einen so großen Eindruck gemacht, daß ich mir

sehnlichst wünschte, auch einmal gehörlose Blinde unterrichten zu dürfen. Kurze Zeit danach hatte ich während meiner Studienzeit 1911 in Dresden Gelegenheit, zu sehen, wie eine holländische Lehrerin ihrer gehörlosen, allerdings sehenden Schülerin das Singen beibrachte, indem letztere eine Hand auf den Kehlkopf der Lehrerin, die andere auf ihren eigenen legte und tatsächlich dazu kam, die ihr vorgesungenen Töne richtig nachzusingen. Ich versuchte meinerseits am eigenen Kehlkopf den Unterschied der verschiedenen Tonhöhen durch Ertasten der Vibration zu erkennen. Dies war meine erste bewußte Bekanntschaft mit dem Vibrationssinn. Einige Jahre später beobachtete ich anläßlich der Mitwirkung an einem Konzert für Schwerhörige, daß diese zum Flügel kamen, ihre Hände tastend und suchend auf das Instrument legten und mir nachher versicherten, dadurch die Musik viel besser hören und genießen zu können.

Diese beiden Erlebnisse waren dafür ausschlaggebend, daß ich 1926 den Auftrag annahm, mit den Zöglingen der Kantonalen Taubstummenanstalt Zürich Versuche in musikalisch-rhythmischer Erziehung vorzunehmen. (Lobpreisung 8, 1960)

Ich begann den Unterricht lediglich in der Absicht, die rhythmische Gymnastik als Abwechslung neben dem reinen Turnen einzuführen, es war mir allerdings nicht klar, wie ich die Kinder ohne Erklärung und ohne ständiges Vormachen zur Bewegung bringen sollte. Ich ließ versuchsweise nach dem Klavier marschieren, indem die Kinder auf die Bewegungen meiner spielenden Hände schauten und danach ihre Schritte ausführten. Das Klavier wurde an Stelle des Schlagzeugs gebraucht, weil das Schlagen auf Gong oder Trommel bei den meisten Kindern Ohrenschmerzen verursachte. Wir fühlten mit geschlossenen Augen, auch mit Händen, Füßen oder mit dem ganzen Körper ans Klavier gelehnt, die Erschütterungen, die durch das Spiel entstanden. Aber wir kamen nicht recht vorwärts, und zudem war auch in dieser Art Unterricht zu viel verstandesmäßige Arbeit.

Den neuen Weg wies mir ein intelligenter Junge: In jener Stunde hatte jedes der Kinder zum ersten Mal ein Tamburin in der Hand. Ich wollte darauf klopfen lassen und spielte Klavier. Plötzlich ruft Heini: ‹Ich höre, ich höre hier!›, und weist dabei aufgeregt auf die Trommel. Alle Kinder wollen auch hören, halten tastend die Finger leicht aufgelegt, und alle fühlen, wie bei jedem Ton, den ich spiele, das

Tamburin zittert. Sie wechseln den Standort und entdecken, daß sogar bei großer Entfernung vom Klavier die Töne zu fühlen sind. Wir haben nach dieser Entdeckung von vorne angefangen... (in: Deutsche Musiker-Zeitung, 1929)

Die Kinder untersuchten von sich aus, ob das «Hören» an den Lippen, an der Wange, Stirne, an den Zehen oder sonstwo am Körper zu fühlen war. Ich spielte regelmäßig Marschweisen, sie versuchten, im gleichen Metrum zu gehen, stampften bei Akzenten, sprangen oder hüpften nach meinem Spiel. Das Fell des Tamburins war für sie Ersatz des Trommelfells geworden.

Nun, da überall im Raum eine direkte fühlbare Verbindung mit der Musik hergestellt war, war auch ein unmittelbares Umsetzen des Erfühlten in Bewegung möglich geworden. Dadurch konnte die musikalisch-rhythmische Erziehung dem gleichen Aufbau gemäß mit den Gehörlosen wie mit den Hörenden vorgenommen werden, das heißt vom Erleben und dem Erkennen des zeitlichen Elements in der Musik – Tempo, Takt, Rhythmus – über das Dynamische mit seinen mannigfachen Abstufungen zum Klanglichen – des Einzeltons, der verschiedenen Tonhöhen, der Melodie und des Zusammenklanges – und zuletzt zum Formalen fortschreiten.

Der Unterschied zwischen Gehörlosen- und Normalhörenden-Unterricht besteht nur darin, daß der Gehörlose zuerst in der Bewegung Begriffe erlebt, die er dann in der Vibration wiedererkennt, während beim Hörenden der Weg umgekehrt verläuft. Es wurde mir aber bald klar, daß vom Standpunkt des Pädagogen aus die Unterrichtsart bei den Gehörlosen auch die richtige für die Hörenden ist, die ich nach und nach auch so unterrichtete. So wirkte sich der Unterricht bei den Gehörlosen anregend und fruchtbringend für die Normalen aus.

Natürlich ist das Unterrichten der musikalisch-rhythmischen Erziehung bei Gehörlosen nicht frei von Problemen. Es gibt auch bei ihnen mehr oder weniger konzentrierte, mehr oder weniger tastsinnbegabte Schüler. Kinder mit Gehörresten, auch wenn diese noch so minim sind, haben anfänglich große Mühe, sich ganz auf die zu fühlenden Vibrationen einzustellen. Verkrampfte, schwerfällige, stumpfe, mit schlechter Blutzirkulation behaftete Zöglinge reagieren vorerst schlecht. Kalte Luft, kalte Hände, kalter Körper erschweren

das Fühlen. Aber im allgemeinen darf man feststellen, daß im Laufe der neun bis zehn Jahre Schulzeit der Vibrationssinn sich wesentlich verfeinert, ja daß sogar der ganze Körper Empfangsstation der Vibrationen zu werden scheint. Viele Schüler benützen jetzt das Tamburin nur noch hie und da und sind stolz, daß sie so gut fühlen. Neuerdings versuchen wir, ohne Hilfe der Tamburine und ohne Berührung des Klaviers in frei gewählter Entfernung vom Instrument, an Fenstern, Wänden, Boden, Türen oder ganz frei im Raum mit aufgestellten Handflächen zu empfangen und dann in Bewegung umzusetzen oder auch nur zu genießen. Dies interessiert die Schüler ganz besonders. Überhaupt folgen die Kinder gerne dem Unterricht, er lockert sie, und sie haben das Gefühl, auch etwas Musik zu verstehen. Dies trifft zu, denn meine Beobachtungen haben mir die Gewißheit gegeben, daß der Gehörlose nicht nur den Rhythmus und die Dynamik, sondern auch den klanglichen Inhalt der Musik erlebt.
(Lobpreisung 9, Mai 1960)
Die in Zürich gemachten Erfahrungen entsprachen den an Gehörlosenschulen anderer Länder gemachten, z. B. von Prof. Brauckmann in Jena, obgleich kaum eine von den anderen wußte, geschweige denn beeinflußt wurde. So erschien in der «Volta Review» ein Artikel von Anna C. Hurd, «Ton und Rhythmus»; er berichtet von Versuchen ähnlicher Art wie in Zürich in der Gehörlosenschule von Rhode Island, USA.
Die heikelste und schwierigste Ausbildung des Vibrationssinns betrifft die Tonhöhe. Es bedarf eines stark entwickelten Vibrationsgefühls, um genau das Steigen und Fallen einer Melodie verfolgen zu können. Sehr oft müssen wir uns zufrieden geben, wenn der Schüler Töne der hohen, tiefen und mittleren Tonlage unterscheiden kann. Wir haben auch schon Schüler gehabt, die im Stande waren, die Bewegung zweier Stimmen zu verfolgen, auch solche, die Melodie und Harmonie erkannten; wir haben aber weit mehr Schüler, die ihr Vibrationsgefühl nicht weiter entwickeln können als bis zur Wahrnehmung großer Unterschiede in bezug auf Tonhöhe. Ganz gewiß gibt es auch auf diesem Gebiet mehr oder weniger Begabte. Was nun die Form anbetrifft, so erreichen wir praktisch bei allen Schülern, daß sie einen Marsch von einem Walzer, Lied oder Reigen unterscheiden können. Ich muß aber gestehen, daß mir solche Unterschei-

dungsfähigkeit nicht so wichtig erscheint. Sondern ich wage zu behaupten, daß das Einfühlen in ein Musikstück, das Genießen für den Gehörlosen wichtiger, wesentlich wichtiger ist als die Fähigkeit, sich gewissermaßen intellektuell darüber auszusprechen. Wir erleben hin und wieder, daß Gehörlose von sich aus ein Konzert besuchen und mit Genuß «hören», wie sie ihr Fühlen nennen. (Lobpreisung 96, April 1951)

Eugen Sutermeister, ein Gehörloser, schreibt: «Direkte Berührung von Musikinstrumenten gewährt mir keinen Wohlklang, sondern das Gefühl der Stärke oder Schwäche, Höhe oder Tiefe des Tones. Wirkliche Melodien muß ich aus der Luft empfangen. Gelangen Töne durch den Boden in meine Füße, so berührt mich das sehr unangenehm, etwa in nächster Nähe der Orgel. Hingegen in der Mitte der Kirche, also weitab von der Orgel, durchströmen mich die Töne wunderbar und ergreifen mein Innerstes mit Allgewalt.» *

Wie steht es aber um diesen Sinn und um seine Ausbildung beim hörenden Menschen? Wie viele Menschen wissen überhaupt, daß sie einen solchen Sinn besitzen? Wer beachtet ihn und wer weiß, daß es die Vibrationen sind, durch die der Mensch bei Gehörseindrücken «erschüttert» wird? Wer gibt sich Rechenschaft darüber, daß der Lärm, in dem vor allem die Großstadtmenschen leben, uns dermaßen mit Vibrationen überschüttet, daß unser Nervensystem darunter leidet, ja sogar zerrüttet werden kann? In früheren Zeiten wußte man vom Tastsinn. Aber auch in unserer Zeit haben Gelehrte wie Katz, Revesz und Stern auf ihn aufmerksam gemacht und diesbezügliche Untersuchungen vorgenommen. So hat Katz in seinem bereits 1925 erschienenen Buch «Der Aufbau der Tastwelt» nachgewiesen, daß der Vibrationssinn zum Tastsinn gehört: «Der Tastsinn zeigt eine interessante Duplizität. Der eine seiner Zweige, der Drucksinn, ist ein Nahsinn, der andere, der Vibrationssinn, ist zum Fernsinn geworden.» Er weist auch darauf hin, daß «unsere Welt nicht nur eine tönende, sondern auch eine vibrierende Welt ist».

So stark, wenn nicht noch stärker als der Gehörlose, empfindet der Geisteskranke diese «vibrierende» Welt. Diese Tatsache zeigte sich mir in der Arbeit mit Geisteskranken.

Wenn also die Bedeutung des Vibrationssinns für den Gehörlosen, die Beeinflussung des Geisteskranken durch Vibration nachgewie-

sen sind, darf man sich wirklich fragen, ob die Ausbildung des Vibrationssinns nicht auch dem gesunden Menschen zugute kommen würde. (Lobpreisung 8, Mai 1960)

Für den Gesunden von gleich großer Bedeutung wie der Vibrationssinn ist der Bewegungssinn. *Er entwickelt sich aus dem Bewegungstrieb, dem Urtrieb, der als elementare Kraft in jedem Menschen wohnt. Wird dieser Trieb unterbunden, sei es durch Krankheit, durch psychische Hemmungen, durch erzieherisch falsche Beeinflussung, so entstehen dadurch schwerwiegende, oft nicht mehr gut zu machende Defekte. Überbordet er andererseits, ohne je in richtige Bahnen gelenkt zu werden, kann er ebenfalls schwere Schäden verursachen. Wir müssen daher den Bewegungstrieb des Kindes schulen, so daß es das Gefühl für die geordnete Bewegung bekommt. Durch die richtige Schulung entwickelt sich der Bewegungssinn, der kinästhetische Sinn.*

Die musikalisch-rhythmische Erziehung verfügt über eine Menge von Übungen, die bereits dem Kleinkind zur richtigen Beherrschung seiner Bewegungen verhelfen. Diese Übungen sind meistens durch die Musik gegeben und wollen außer der Rhythmisierung der Bewegung das Kind bereits zur Musik hinführen.

Die gleichen Übungen sind auch von großem Wert für den Gehörlosen, der infolge seines Defektes einen außerordentlich starken und meist undisziplinierten Bewegungsdrang hat. Wollen wir ihm aber durch Musik zur geordneten Bewegung verhelfen, so müssen wir ihm auch zeigen, wie er Musik empfinden kann. Dies geschieht, indem wir ihn auf die Vibration aufmerksam machen und seinen Vibrationssinn ausbilden und verfeinern.

Mit der Entwicklung des Bewegungssinns verfolgen wir noch einen anderen Zweck. Der Hörende nimmt ständig akustisch-rhythmische Eindrücke auf, die ihm das Erlernen der Sprache wesentlich erleichtern. Der Ausfall dieser akustischen Eindrücke, unter welchem der Gehörlose leidet, kann einigermaßen ersetzt werden durch körperliches Erleben von Rhythmen, das geschult werden kann durch Training des Vibrationssinns einerseits und der rhythmischen Beweglichkeit andererseits. (Lobpreisung 96, April 1951)

Die Bewegungen differenzieren und koordinieren zu lernen, ein mühevoller Prozeß, ist von größerer Bedeutung, als oft angenommen wird, und zwar für die Artikulation, die auf sehr kleinen Bewegungen aufbaut. Je früher deshalb der Rhythmikunterricht einsetzen kann, desto besser für den Sprachaufbau.

Im Gehörlosenunterricht hat die musikalisch-rhythmische Erziehung folgende Aufgaben zu erfüllen: Beziehungen zwischen Ausdrucksbewegung des Körpers und Ausdruck der Stimme herzustellen und eine günstige Wechselwirkung zwischen ihnen zu schaffen, um das Erlernen und Beherrschen der Sprache zu erleichtern; ferner durch das Lösen der seelischen und körperlichen Hemmungen den in dieser Hinsicht Belasteten freier zu machen, beim undisziplinierten, asozial Veranlagten den Sinn für das soziale Zusammenarbeiten zu entwickeln.

Mimi Scheiblauer skizzierte eine Unterrichtsstunde, in welcher Begriffe wie Tief und Hoch, Laut und Leise, Steigen und Fallen usw. erarbeitet und auf das Sprachliche übertragen werden:

Die Kinder fühlen am Klavier oder am Tamburin ein tiefes Erschüttern (durch Tremolo); sie sinken zusammen, werden ganz klein, gehen gebückt vorwärts, immer mit der Musik. Dazu sprechen sie denjenigen Vokal, den sie am tiefsten herausbringen (a, o, u). Wir zeichnen durch Handbewegung die Tiefe, wir fahren über den Boden hin und her, vor und zurück. Wir betonen nach vorne stärker und ziehen die Bewegung gegen uns, dazu sprechen wir «tief», «t» beim Stoß nach vorne, «ie» beim Ziehen, «f» am Schluß der Bewegung. Der Vokal hat infolgedessen eine längere Dauer, der Ton des Klaviers hört genau mit dem «f» auf, so daß auch auf der Trommel, auf welcher immer mit einer Hand gefühlt wird, keine Vibrationen empfunden werden können. Mitten in dieses «tief» kommt plötzlich ein hoher Ton. Der Gegensatz ist so scharf, daß er von allen gefühlt wird. Nun: Arme hoch, Zehenstand, sich strecken, vielleicht sogar einen Sprung, und dazu «i» sagen. «I» ist auch so hoch, sitzt wie ein Vogel auf dem Dach. Nun kommt die Benennung «hoch» und daraufhin folgen Übungen zum schnellen Reagieren auf die Vibrationen von «hoch» und «tief». Zuerst spielt die Musik unregelmäßig «hoch» und «tief», dann kommt Ordnung in den Wechsel, z. B. «hoch, hoch, tief». Dies ergibt gleich einen bestimmten Rhythmus:

♩ ♩ 𝅗𝅥

Wir sprechen je nach dem Spiel: «Ich bin hoch, ich bin tief»; wir konjugieren: «Ich bin hoch, du bist tief» usw. Dazu bewegen wir uns immer auf entsprechende Art. Wir brauchen auch einen Ball: «Er fliegt hoch, er fliegt tief». Die Stimme geht unwillkürlich mit dem Ball, sie steigt mit ihm in die Höhe und fällt mit ihm herunter. Wir sind klein, wir wachsen und werden größer. Wir sind tief unten und steigen hoch hinauf. Dies wird mit Körperheben und -senken gemacht. Diesmal gebe ich zuerst die Körperbewegung und erst nachher den Vibrationseindruck, um zu sehen, ob die Kinder eine Verbindung finden. Und siehe da, mit geschlossenen Augen beginnen sie tief unten und wachsen hinauf zur Höhe und werden wieder kleiner mit der Musik. Ich lasse diese Übung auch im Gehen machen. Einzelne Kinder, die zusehen dürfen, bemerken die Wellenbewegung, die durch das Auf und Ab entsteht. Daraufhin zeichnen wir sie an die Wandtafel: Das gibt ganz unregelmäßige Bogen. Ein Schüler will selber zeichnen. Gut, die andern machen diese Zeichnung mit dem Körper nach. Ein anderer will mit dem Körper zeichnen und verlangt, daß ein Dritter dies nachzeichnet; dazu spricht der Chor: «klein, größer, größer, größer, groß; kleiner, kleiner ...» eben so, wie der einzelne es vormacht. Dann darf ein Dirigent durch Armbewegungen das Größer- und Kleinerwerden der Klasse befehlen, ein besonderes Vergnügen! Beim Sprechen des «immer größer» bemerke ich an meiner eigenen Stimme ein Zu-, beim «immer kleiner» ein Abnehmen der Tonstärke, wir haben also musikalisch gezeichnet ein crescendo, ein decrescendo. Dies stellen wir durch einen Kreis dar. Je größer dieser wird, desto lauter rufen wir einen Vokal oder eine Silbe, je kleiner er wird, desto leiser sprechen wir. Dieses An- und Abschwellen wird nun in verschiedenen Tonhöhen gespielt und von den Kindern gefühlt. Es soll ihnen dabei zum Bewußtsein kommen, daß tief sowohl wie hoch leise und laut sein kann, daß die Dynamik nicht an die Tonlage gebunden ist. Wir finden, daß das Klavier tief, tief, tief, hoch, hoch, hoch spielt und dabei verschieden betont. Wir schreiben obige Folge in Viertelnoten mit verschiedener Betonung auf und klatschen dies, indem wir laut oder leise dazu sprechen. Dann übernimmt ein Teil der Klasse die Darstellung der lauten, der andere Teil die der leisen Noten, eine gute Gelegenheit zur Disziplinierung; denn es ist nicht einfach, nur dann zu sprechen, wenn man an der Reihe ist, und zu schweigen, wenn die andere Gruppe spricht. Haben wir noch Zeit, so wenden wir all das Gelernte an, wenn möglich in einem Satz zusammengefaßt. Der Satz muß dem Sprachschatz der Kinder entnommen sein. Er wird auch oft von den Kindern selber zusammengestellt, manchmal entsteht sogar eine kleine Erzählung, z. B.: «Ein kleiner Vogel hüpft auf dem Boden herum. Plötzlich fliegt er auf, er fliegt immer höher, immer höher, so hoch, daß wir ihn kaum mehr sehen. Dann wird er müde und kommt wieder herunter.» Wir sprechen diesen Satz in dem vom Klavier vorgespielten Rhythmus, welcher wieder am Tamburin gefühlt wird. Wir bestreben uns, ganz genau in Tempo, Rhythmus und Tonstärke des Klaviers zu sprechen. Zu guter Letzt stellen wir das Gesprochene in entsprechenden Gebärden dar und fliegen zum Schluß in die Freiheit hinaus! (in: Ärztliche Rundschau 21, München 1929)

Schon 1929 hatte Mimi Scheiblauer mit Referat und Probelektion am gemeinsamen Kongreß des «Reichsverbandes deutscher Tonkünstler und Musiklehrer» und des «Deutschen Rhythmikbundes» in Berlin mit großem Erfolg ihre Arbeit mit Gehörlosen demonstriert. «... Es war ein allen Anwesenden unvergeßliches Erlebnis, als anläßlich eines in Berlin abgehaltenen Kongresses die in Zürich wirkende Rhythmiklehrerin Mimi Scheiblauer in einer öffentlichen Vorführungsstunde eine Gruppe von vollständig gehörlosen Kindern ohne jede Vorbereitung durch Vibrationseindrücke dazu brachte, nach dem Klavier im Takt zu laufen, Tempoänderungen mitzumachen, ja sogar Tonhöhenunterschiede einwandfrei unterscheiden zu können.» (Musikpädagogische Blätter, 1929)

Unter dem Eindruck dieser Vorführungen organisierte der Leiter des Berliner Instituts für Erziehung und Unterricht eine Studienreise nach Zürich. Man wollte auch die Arbeit mit fortgeschrittenen Schülern kennenlernen. Und in der Folge reisten Pädagogen aus ganz Europa nach Zürich, um Mimi Scheiblauers Arbeit mit Gehörlosen zu studieren. Es folgten Veröffentlichungen darüber in vielen Ländern Europas, und Mimi Scheiblauers Einführungsvorträge wurden in andere Sprachen übersetzt.

In der Gehörlosenschule selber war es schwierig, mit den Klassenlehrern eine fruchtbare Zusammenarbeit aufzubauen. Die meisten ließen sie gewähren, einzelne leisteten Widerstand gegen diese

«Spielerei und Zeitverschwendung». Als ihr vorgeworfen wurde, ihr Erfolg sei nur Drill, erbrachte Mimi folgenden Gegenbeweis: Mit dem Rücken gegen Klasse und Klavier zeichneten die Schüler mit geschlossenen Augen den gefühlten Rhythmus in Strichen und Punkten an die Tafel.
Nachdem Mimi Scheiblauers Erfolge auch die Zweifler überzeugt hatten, erhielten immer mehr Klassen Rhythmikunterricht. Vor allem wurde dieser 1935, als der Gehörlosen-Kindergarten gegründet wurde, auch auf die ganz Kleinen ausgedehnt. Einige Jahre später wurden auf Anregung von Mimi Scheiblauer auch die in der Lehre stehenden Töchter einbezogen.
Die wohl wertvollste Zusammenarbeit ergab sich 1959 bis 1962 mit dem Lehrer für Gehörlose, Bruno Steiger. Mimi Scheiblauer, die ihm die Teilnahme an von ihr geleiteten Fortbildungskursen der deutschen Taubstummenlehrer in Bremen ermöglicht hatte, wohnte so oft wie möglich seinem Sprachunterricht bei. Laute, Worte, ja ganze Sätze wurden mit den Mitteln der rhythmisch-musikalischen Erziehung in Beziehung zur Bewegung gesetzt, zum Beispiel:
Ich will nicht; ich *will* nicht; ich will *nicht*

oder: Sonnenschein (unbetont); Sonnenschein (betont).

Als Bruno Steiger Direktor der Taubstummen- und Sprachheilschule in Riehen wurde, arbeitete er auch dort in diesem Sinn weiter.
Daß mit der fortschreitenden technischen Verfeinerung Verstärker und Hörgeräte ein immer wichtigeres Hilfsmittel wurden, zeigte sich bald an vielen Gehörlosenschulen. «Aufgrund der Erkenntnis, daß es selten ‹volltaube› Kinder ohne jeden Hörrest gibt, wird in Bremen bereits im Kindergarten ein intensives Hörtraining betrieben. Jedes Kind bekommt ein eigenes Hörgerät, das es auch in den Rhythmikstunden trägt. Das Hörgerät überträgt auch Vibrationen. Kinder, die keine Geräusche und Töne wahrnehmen, erfühlen die Vibrationen und können damit einen Satzrhythmus erkennen. Das macht ihre Sprache rhythmischer und damit verständlicher und stellt außerdem eine Hilfe für das Absehen der Sprache vom Mund dar.»*

Oft ist sich der Gesunde im unklaren darüber, daß der Taube in einem absolut lautleeren Raum lebt, in dem er weder Autolärm noch Glockengeläute, ja nicht einmal sich selber wahrnimmt. Er ist deshalb äußerst isolationsgefährdet. Das alltägliche Leben in der Gemeinschaft zu meistern, bedeutet für ihn eine enorme, vom Hörenden oft unterschätzte Anstrengung. Zusätzliche Belastung durch Mißerfolge verarbeitet sein geringes Selbstwertgefühl schlecht. Deshalb ist es wichtig, stets wieder beim Einfachen anzufangen und langsam zu schwierigeren Aufgaben fortzuschreiten. Soziale Übungen sind von ganz besonderem Wert: gemeinsam gehen – gemeinsam bauen – gemeinsames Gebärdenspiel.

Das Bedürfnis nach körperlichem Ausdruck ist bei den Gehörlosen besonders stark. Die eigentliche Sprache des Gehörlosen ist die Gebärde. *So lange er die Lautsprache noch nicht kennt, ist er auf die Gebärde angewiesen, um sich seinen Mitmenschen verständlich zu machen. Aber auch später, mag er auch noch so gut die mühsam erlernte Lautsprache beherrschen, bleibt ihm das Bedürfnis, sich in Gebärden auszudrücken. Davon zeugt nicht zuletzt die große schauspielerische Begabung.* Um dieser Neigung gerecht zu werden, gestaltete man Reigentänze und seit 1943 jedes Jahr ein Krippenspiel.

Das Krippenspiel der Schüler der Kantonalen Gehörlosenschule, Zürich, legt Zeugnis ab von der Kunst der Improvisation. Seit über 25 Jahren wird das Spiel jede Weihnacht von den Schülern der obersten Klassen aufgeführt: Jede Weihnacht ist es anders gestaltet, denn jedes Jahr entsteht es neu aus dem Empfinden der jeweiligen Darsteller heraus und auch beeinflußt durch die Zusammensetzung der Mitspielenden. Das Krippenspiel der Gehörlosen ist das Ergebnis langjähriger Schulung und wäre ohne diese gar nicht denkbar. Die Vorbereitung wird durch den bereits im Kindergarten beginnenden Rhythmikunterricht gegeben.

Der Pädagoge, der erkannt hat, daß das Schöpferische im Kind entwickelt werden kann und muß, wird zum Schluß kommen, daß das gemeinsam improvisierte Spiel (sei es Musik, Tanz oder Theaterspiel) dem Kind die Möglichkeit bietet, seine schöpferischen Kräfte und Ausdrucksmittel zu prüfen und zu trainieren. In ihrem Krippenspiel zeigen die gehörlosen Kinder, daß selbst Behinderte – die durch ihre Infirmität begriffsarm und in ihrer Mitteilungsfähigkeit beschränkt sind – zu erstaunlicher Ausdruckskraft und Gestaltung fähig werden.

Die Weihnachtsgeschichte ist allen Kindern seit dem Eintritt in die Schule bekannt, denn jedes Jahr wird sie von den zwei obersten Klassen in Anwesenheit aller Schüler aufgeführt. Jedes Kind kennt also das Spiel, kennt natürlich auch die Spieler, wodurch das Interesse für das wohl bekannte, aber durch die wechselnden Darsteller immer Neuartige stets wach ist. Aus dem Umstand, daß es auch einmal drankommt, steigert sich sein Interesse gegen Ende der Schulzeit. Die Kinder befassen sich in Gedanken mit den verschiedenen Rollen, und wenn im November die Frage der Rollenbesetzung gestellt wird, weiß schon jedes, ob es König, Hirt oder Engel sein wird. Nur die Rollen der Maria und des Joseph werden meistens von der Klasse bestimmt. Also haben sich die Kinder schon vor den ersten Proben innerlich in ihre Rolle versetzt. Ich muß nur die Struktur geben, d.h. bestimmen, welcher Weg gegangen wird, wann der Einsatz einer Szene sein muß. Der Gehörlose, ein guter Beobachter der Gebärde, des Gesichtsausdrucks, des Geschehens auf der Straße, und an und für sich für die Gebärde begabt – ist sie doch die ihm naheliegende Sprache –, gestaltet seine Rolle von sich aus, und ich muß nur ein Zuviel, selten ein Zuwenig an seiner Gestik korrigieren. Alte Advents- und Weihnachtslieder, Choräle von Bach, Prätorius u.a. begleiten und untermalen das Geschehen. Der eigenartige herbweiche Klang der Bambusflöte paßt recht eigentlich zu diesem Weihnachtsspiel und vertieft seine Wirkung. (Lobpreisung 3, Dez. 1965)

In der Neuen Zürcher Zeitung vom 12. Dezember 1944 lesen wir: «... noch nie, so will es uns scheinen, haben wir eine sinnigere und ergreifendere Darstellung der Weihnacht symbolisch erlebt, als ihr diese jungen gehörlosen und stummen Menschen durch den Ausdruck der Gebärde zu geben wußten.» Doch nicht nur der Zuschauer war beeindruckt, auch der Mime selber staunte über die Macht, die sein Ausdruck über die Hörenden hatte. Er fühlte beglückt, daß auch er beitragen konnte zum Zueinanderfinden.

1953/54 gab die Stiftung «Pro Infirmis» den Auftrag, das zur Tradition gewordene Krippenspiel für das Fernsehen aufzuzeichnen. Da diese Aufzeichnung an Dichte einbüßte, schuf die Teleproduk-

tion 1962 eine bis heute viel beachtete filmisch neu gestaltete zweite Fassung, in der die Aufnahmen ins Freie verlegt wurden.
Im Laufe der Jahre entstanden neben den Krippenspielen zehn Märchenspiele,* welche zurückhaltend mit Klavier- und Schlagzeugimprovisation oder Bambusflötenmusik untermalt wurden. Die Klang-Kulisse war notwendig, damit das reine Gebärdenspiel das Publikum nicht zu sehr ermüdete.
Neben den Aufführungen in der Schule fand meistens eine weitere für einen wohltätigen Zweck statt. Mehr Öffentlichkeit vermied man im Interesse der Kinder.
Immer wieder flammte in diesem Zusammenhang die Debatte über die reine Gebärde auf. Die Tauben sollten ja reden lernen. Mimi Scheiblauer wehrte sich (1958): *Natürlich ist die Sprache wichtig, doch den Gehörlosen darf die Gebärde nicht genommen werden!*
Die Vorbereitung eines Märchenspiels nahm viele Wochen in Anspruch. Hier ein Probenbericht von «Tischlein, deck dich» vom Frühjahr 1968:
«Bald nach Neujahr begannen die ersten Proben. Die Schüler von der 5. bis 8. Klasse sollten mitspielen. Die Achtkläßler hatten eben noch am Weihnachtsspiel beachtliche Talente entwickelt, so daß man sich schon vorstellen konnte, wie die Hauptrollen zu besetzen waren. Mimi Scheiblauer begann mit einer knappen Erzählung des Märchens. Dann wurden zusammen mit den Schülern die Rollen provisorisch verteilt, hernach in der offenen Turnhalle, also noch nicht auf der Bühne, einzelne Szenen probiert, so z. B. die Schlußszene, wo fast alle mitspielen konnten. Um die Eignung für eine bestimmte Rolle abzuklären, wurden auch schon verschiedene Besetzungen ausprobiert. Zwar hatte Mimi Scheiblauer noch einige vage Erinnerungen an eine frühere Aufführung desselben Märchens, aber im übrigen ging sie ohne festes Konzept an die Einstudierung. Sie sah erst einmal

* 1943 Zwerg Nase, 1944 Schwan, kleb an, 1947 Sechse kommen durch die Welt, 1949 Das tapfere Schneiderlein, 1950 König Drosselbart, 1951 Kalif Storch, 1953 Tischlein, deck dich, 1955 Der Rattenfänger von Hameln (Bühnen- und Freiluftspiel für die Unesco), 1956 Dornröschen, 1957 Der Froschkönig, 1960 Schwan, kleb an, 1961 Vom Fischer und syner Fru, 1963 Das tapfere Schneiderlein, 1966 König Drosselbart, 1968 Tischlein, deck dich.

zu, wie die Kinder den Inhalt des Märchens erfaßt hatten. Es ergab sich, daß noch etliches nicht klar war. Aus Berichtigungen kam es zu ersten Gestaltungsweisen, das waren aber nie bindende Anweisungen. Konstant blieb die Aufforderung ‹Selber›! (selber denken, selber probieren). Vom Spieler wurde konsequent verlangt, daß er sich aktiv in seine Rolle versetze und aus dieser Haltung heraus frei agiere. Geistige Trägheit oder Nachlässigkeit in dieser Beziehung wurden mit Erfolg zu überwinden gesucht, indem einzelne Szenen unerschütterlich noch und noch wiederholt wurden. Im weiteren Probenverlauf, nun auf der Bühne, ergab es sich etwa, daß Schüler mit ihrer Rolle nicht zurechtkamen. In solchen Fällen trat Mimi Scheiblauer aus der Reserve heraus und demonstrierte unermüdlich, wie ein bestimmter Vorgang aufgefaßt werden konnte, um den Schüler auf diese Art in seine Rolle zu versetzen. Trotzdem drängten sich einige wenige Umbesetzungen auf, die mit den Lehrern, welche an den Proben teilnahmen, diskutiert wurden. Man probierte die verschiedenen Möglichkeiten auch aus. Die Schüler regten sich gegenseitig ebenfalls an, mit Vorliebe belehrten die älteren die jüngeren. Durch solch intensive Probenarbeit gewann das Spiel fast unversehens Gestalt, kam auch Mimi Scheiblauer selber mit jedem Mal zu einer klareren Vorstellung vom Spielverlauf. In einigen Fällen befriedigte bei der Ausarbeitung eine Szene plötzlich nicht mehr. Sie wurde dann nach einer festen Vorstellung Mimi Scheiblauers umgekrempelt, wobei die Schüler sich bereitwillig in die neue Situation versetzten. In dieser Vorbereitungsphase wurde das Spielgeschehen auch gestrafft und erhielten die Spieler für bestimmte Momente präzise Anweisungen, ohne daß sie dadurch in ihrer Gestaltung allzu sehr eingeengt worden wären. Den Schülern fielen denn auch immer wieder neue darstellerische Einzelheiten ein, die das ganze Spiel lebendig erhielten. Schließlich hatten sich alle Darsteller so in ihre Rollen eingelebt, daß die Kostüme fast nur noch als Äußerlichkeit dazukamen. Zur Untermalung einzelner Szenen steuerte Mimi Scheiblauer noch ihre Improvisationskunst am Klavier bei.

Wie sehr die Kinder aktiv in ihrer Rolle lebten, illustriert folgende Episode: Es handelte sich um die Szene, wo der Wirt vom Knüppel geschlagen wird. Bei einer Aufführung war vom vorhergehenden Auftritt irrtümlich ein Tisch auf der Bühne stehengeblieben. Ohne sich dadurch irritieren zu lassen, bezogen die Darsteller diesen Tisch sofort ins Geschehen mit ein, indem der Wirt sich darunterstürzte und, vom Knüppel verfolgt, darum herumrannte, obwohl die Szene vorher nie so gespielt worden war.«*

Nach diesen Proben sah sich Mimi Scheiblauer aus gesundheitlichen Gründen gezwungen, ihre gesamte Arbeit Vreni Bänninger zu übergeben. Der Abschied von «ihren» gehörlosen Kindern fiel ihr so schwer, daß sie sich außerstande sah, eine Abschiedsstunde zu gestalten. So verlief ihre letzte Lektion an der Gehörlosenschule nach mehr als 40 Jahren wie gewohnt, und weder die Kinder noch einer der vielen Besucher ahnten, daß es die letzte war und daß ihr nur noch einige schriftliche Abschiedsworte folgen sollten.

Blinde

Da die blinden Zöglinge im gleichen Heim untergebracht waren wie die Taubstummen, ergab es sich, daß Mimi Scheiblauer auch in bezug auf die Blinden die Tauglichkeit einer musikalisch-rhythmischen Erziehung prüfen sollte. Einmal mehr konnte sie in keiner Weise auf fremde Erfahrungen zurückgreifen. Um so schwieriger war es für sie, der der Gesichtssinn Farben, Formen und Entfernungen vermittelte, sich in die Vorstellungswelt des Blinden einzufühlen, der sie sich aus den Eindrücken seiner gesunden Sinne aufbauen muß. Allerdings war dies die Grundbedingung für jede Hilfe, die dem Behinderten mehr Selbständigkeit in seiner Alltagsbewältigung vermitteln sollte: Es mußten in erster Linie die verbliebenen Sinne – vor allem Gehör, Tastsinn und Motorik – besonders sorgfältig ausgebildet werden.

Der Blinde muß unterscheiden lernen, wie lang, wie stark ein Gehörseindruck ist, um erkennen zu können, wodurch ein Ton erzeugt wurde, woher und aus welcher Entfernung er kommt, ob er sich nähert, linear verläuft oder sich, auf ein Hindernis stoßend, verändert. Die vom Blinden im täglichen Leben geforderte gleichzeitige Bestimmung verschiedener Geräusche erfordert ein sehr hohes Maß an Konzentration.

Eigentliche musikalische Gehörbildung wird geübt im Hinblick auf eine eventuelle musikalische Ausbildung des Zöglings. Ebenso wird das Hörgedächtnis trainiert, denn Stimmen und Schrittgeräusche prägen sich ähnlich ein wie beim Vollsinnigen die Gesichter (eine ehemalige Lehrerin wurde nach zwanzig Jahren an ihrer Stimme wieder erkannt!).

Der Tastsinn vermittelt vor allem die gute Orientierung im Raum: «Für blinde und stark sehbehinderte Kinder ist es wichtig, einen Raum genau kennen zu lernen, bevor sie darin spielen, arbeiten und sich bewegen. Zu einer freieren Bewegung wird es erst kommen, wenn sie sicher sind, daß das Rhythmikzimmer leer ist. Sie müssen wissen, daß den Wänden entlang Stühle stehen, daß der Raum aber sonst frei von Gegenständen ist. Eine freie Bewegung ist für das blinde Kind nicht selbstverständlich. Die Vorwärtsbewegung ist beim kleinen Blinden häufig nicht da. Wird es im Raum allein stehen gelassen, bewegt es sich an Ort, es stampft, dreht sich, krümmt sich zusammen. Es kann lange dauern, bis es sich einigermaßen frei bewegt. Ein weiter und freier Raum ist für alle Kinder wichtig. Sie sollen Platz haben, damit sie große und weite Bewegungen ausführen können, ohne Angst zu haben, irgendwo anzustoßen. Nur so kann das Vertrauen in die eigenen motorischen Fähigkeiten gewonnen, nur so können diese Fähigkeiten gefördert werden.»*

Später sind Übungen im eingeschränkten Raum möglich. Immer wieder neu angeordnete (gefahrlose!) Hindernisse erhöhen die Flexibilität, die für das blinde Kind im Alltag und für das spätere Erlernen eines Berufes wichtig ist. Andere Übungen schulen die taktile Sensibilität, das taktile Gedächtnis, bilden auch im Wechsel von Führen und Folgen soziales Verhalten aus. Abtasten vermittelt die Form, Streicheln die Beschaffenheit der Oberfläche. Im Befühlen begreift der Blinde die Materialbeschaffenheit; der Luftwiderstand gibt ihm das Tempo einer Bewegung bekannt. Interessant ist es, daß der taktile Sinn viel weniger ermüdbar ist als jeder andere. Die Erfahrungen des Tastsinns sind stets mit Bewegung verbunden, im Gegensatz zu den Vibrationen, die in Ruhe aufgenommen werden. Die Ausbildung des Tastsinns ist von größter Wichtigkeit, denn er hilft mit bei der Bildung von Begriffen. Da dem Blinden die Möglichkeit der frühen kindlichen Nachahmung fehlt, verfügt er in der Regel nur über wenige und angelernte Zweckbewegungen und ist deshalb körperlich schwerfällig.

Die blinde Lehrerin Ursula Burkhard schreibt: «Ein großer Teil der Vorschulung blinder Kinder besteht darin, sie zusammenhängende Handlungen *erleben* zu lassen. Ein blindes Kind kann ohne Anleitung nicht lernen, den Ablauf einer Handlung zu beschreiben. Wohl kann es einen täuschen durch Zusammenfügen von Worten, die es gehört hat. Im Kindergarten für blinde Kinder bekamen wir einmal Blumen geschenkt. Ich fragte, nachdem sie die Blüten betastet und berochen hatten, was wir damit tun sollten. ‹Einstellen› riefen alle. Auf meine Frage, was das sei und wie man das mache, wußte niemand Antwort.»* *Ihre Unsicherheit in der Bewegung muß überwunden werden. Sie müssen Bewegungen in allen Richtungen, Lagen und Geschwindigkeiten ausführen lernen. Sie müssen abgetastete Bewegungen, nicht nur Stellungen, in richtigem Zeitmaß und richtiger Dynamik wiedergeben können.* (Lobpreisung 2, Nov.

1965) Durch subtile Aufbauarbeit in der Rhythmik wird es möglich, eigene Bewegungserfahrungen erleben zu lassen und damit Angst abzubauen. Dank der Schulung von Körpergefühl und -ausdruck können fortgeschrittene Klassen sogar fähig werden, einfache Reigenfiguren auszuführen (z. B. zu zweien an einem Reifen).
Des Blinden musikalischer Kunstsinn war nie umstritten. So lag es denn nahe, daß man die Schüler Gesangs- oder Flötenmelodien, ab und zu auch Schlagzeugklänge oder Klavierimprovisation, in ihnen gemäße Bewegung umsetzen ließ. Die blinden Schüler liebten diese Übungen, die ihre Erlebnismöglichkeiten erweiterten und ihre Reaktionen spontaner werden ließen. Das phantasievolle Experimentieren jeder Art ist so wichtig wie beim Vollsinnigen. Sicher bewirkt das Fehlen des Gesichts einen Mangel an Eindrücken, es schützt aber teilweise auch vor der Reizüberflutung, welcher der Gesunde ausgesetzt ist. Deshalb ist beim Blinden der Weg zu seinem Inneren viel «freier». Der Sehende verfügt über einen größeren Aktionsradius, er verarbeitet aber meist oberflächlicher. Der Blinde erfaßt intensiver, gültiger, unverlierbarer. Er pflegt notgedrungen, was für den Vollsinnigen ebenso wichtig wäre: das Bewußtsein.
Gerade in diesem Bereich sollte also ein sehr wertvolles Geben und Nehmen mit dem Gesunden einsetzen. «Ich bin überzeugt davon», schrieb Ursula Burkhard, «daß das Glück eines blind geborenen oder früh erblindeten Kindes nicht vom Sehen oder Nichtsehen abhängt. Wenn ich selber unter meiner Blindheit litt, war der Grund dafür nicht der Ausfall des optischen Wahrnehmens, sondern das Verhalten meiner Mitmenschen, die gehemmt waren durch ihre falschen Vorstellungen vom Blindsein. Oder ich war selber nicht frei genug vom Gedanken über die Norm und wie ein Mensch sein sollte, um ganz ja sagen zu können zu mir selbst und zu meinem Anderssein und stand mir also selber im Weg.»
So wurden auch die Eltern der behinderten Kinder in den Arbeitsplan einbezogen. Sie sollten aktiv teilhaben und einsehen lernen, daß auch ihre Kinder im Rahmen ihrer Möglichkeiten nicht verwöhnt, sondern fürs Leben erzogen werden sollten.
Was Seh-, Hör- und Sprachbehinderte anbetrifft, sollten sie, wo immer möglich, in eine Normalklasse hineingenommen werden. Damit der geschädigte Sinn planmäßig geschult wird, statt daß der

vorhandene «Rest» der Verkümmerung preisgegeben wird ... Menschen mit einem körperlichen Schaden soll man weder bemitleiden noch beiseite stellen. Beides führt in die Isolation. Im selbstverständlichen Angenommensein nur kann sich die größtmögliche Selbständigkeit entwickeln.

Geisteskranke

Die Arbeit mit Geisteskranken, die Mimi Scheiblauer 1930 begann, stellte sie wieder vor ganz neue Probleme: Um wirkungsvoll arbeiten zu können, mußte sie sich durch intensives Studium von Fachliteratur und Vorlesungsbesuchen psychiatrisches Wissen erwerben. *Ich habe die Beobachtung gemacht, daß die Kranken um so natürlicher reagieren, je natürlicher ich sie behandle. Also soll ich ihnen zwar mit der Einstellung begegnen, Gesunde vor mir zu haben, aber stets im Bewußtsein ihrer Krankheit unterrichten.* Erschwerend kam hinzu, daß bei schwierigen Fällen anfänglich keine sichtbare Reaktion erfolgte.

«Während fünf Jahren (bei zwei Rhythmikstunden pro Woche) habe ich mit zum Teil äußerst schwierigen Patienten der Psychiatrischen Universitätsklinik Burghölzli, Zürich, außerordentlich wertvolle Erkenntnisse erworben. Diese Erkenntnisse waren nicht nur von Bedeutung für den weiteren Ausbau der heilpädagogischen Rhythmik, sondern sie gaben auch allgemein gültige Aufschlüsse für die musikalisch-rhythmische Erziehung der Normalen. Was bei Gesunden nur schwer nachweisbar ist, tritt bei jenen Patienten klar zu Tage, so z. T. die Wirkung von Metrum, Takt, Rhythmus, Melodie, Harmonie, Dynamik, Form sowie Beeinflussungsmöglichkeiten durch verschiedene Stilgattungen der Musik. (Lobpreisung 9, Juni 1960)

Jede Tonart, jedes Intervall, jedes Tempo findet seinen speziellen Anklang im Patienten. Versuche ergaben, daß Bach bei allen beruhigend wirkte, Mozart fröhlich stimmte. Romantiker brachten die meisten Patienten außer Rand und Band. *Wohl auf keinem anderen Gebiet spielt die Wahl der Musik, der Improvisation ein solche Rolle. Man kann hier nicht aufmerksam und vorsichtig genug sein, denn ein Mißgriff kann gefährlichste Reaktionen hervorrufen.*

Ebenso klar zeigt sich die Bedeutung des Spielens. *Dieses Spielen mit einem Gegenstand, die gleichsam zwecklose Beschäftigung, ruft unwillkürlich die körperliche und seelische Lockerung des Menschen – und zwar auch des Erwachsenen – hervor, oder leitet sie zum mindesten ein. In letzterem Falle kommt die Lockerung vollends zustande durch eine genau der Bewegung entsprechende musikalische Improvisation, sei sie gesungen oder gespielt.*

Es ließ sich einwandfrei feststellen, daß nur improvisiertes, aus der Situation sich ergebendes Musizieren diese tiefergehende Wirkung auslöst, nie aber eine komponierte Musik. Eine vom Komponisten geschaffene Musik darf nicht zur Begleitung von ursprünglichen, aus dem Menschen kommenden Bewegungen angewendet werden. Denn solche Bewegungen unterliegen anderen Gesetzen als eine aus ganz anderen Bereichen kommende, komponierte Musik. Darum soll man auch zu improvisierten Bewegungen keine Schallplatten laufen lassen, noch einen gehemmten Menschen durch komponierte Musik zur Bewegung, zu einem «aus sich Heraustreten» zwingen wollen. Man muß zuerst dem Menschen die Möglichkeit geben, sich von sich aus zu äußern, indem er mit Ball, Reifen, Tuch, ja sogar mit einem Stuhl spielend sich bewegt.

Die in jenem Unterricht klar zutage tretende Bedeutung des Spielens hat bereits vor vielen Jahren dazu geführt, alle die genannten Gegenstände und viele andere dazu, auch in unserem Unterricht mit gesunden Kindern und Erwachsenen einzuführen und das Spielen damit als Grundlage aller erzieherischen Beeinflussung anzusehen. Viele der aus dem Spielen mit einem Gegenstand sich ergebenden improvisierten Bewegungen sind später in unsere Übungsgruppen eingeordnet und weiter ausgebaut worden, z. B. das Ballrollen im Reifen.

Beim Unterricht erlitt eine aufgeregte Patientin einen Anfall, stürzte sich auf einen Reifen, setzte sich wütend hinein und warf den Ball in ihrer Hand heftig von sich. Dieser rollte dem inneren Reifenrand nach; die Patientin rollte ihn weiter, verfolgte ihn fasziniert und beruhigte sich dabei. *Eine weitere Beobachtung, die ich an Patienten machen konnte, war ihre Konzentrationsfähigkeit in akustischer Beziehung, die trotz manchmal sehr schwerer Erkrankung immer wieder in Erscheinung trat.*

Der Geisteskranke empfindet die Rhythmikstunden zunächst als Zeitvertreib, als angenehme Abwechslung. Er fühlt aber bald auch den lockernden Einfluß, den wir durch den Rhythmikunterricht ja vor allem anstreben. Daß diese Lockerung tatsächlich zustande kam, bezeugten nicht nur Ärzte und Pflegepersonal, sondern die Kranken selber, die sie als sehr wohltuend empfanden. Es ist klar: Aus der Lockerung ergibt sich eine Auflockerung des Gesamtzustan-

des. Die Aktivierung der Körperbewegung weckt und erhöht auch die Bereitschaft für das Angesprochenwerden, woraus sich für den behandelnden Arzt wertvolle Beeinflussungsmöglichkeiten ergeben. Wir müssen uns jedoch ganz klar sein, daß wir wohl helfen, aber nicht heilen können.

3

Heilpädagogische Erziehung schwieriger Kinder

Bereits 1924 führte Dr. Heinrich Hanselmann die damals als rhythmische Gymnastik bezeichnete Art der Erziehung durch Bewegung und Musik als Fach in den Lehrplan des eben eröffneten Heilpädagogischen Seminars Zürich ein. Dies geschah nicht auf irgendwelche Empfehlung hin, sondern nachdem er die Wirkung der rhythmischen Gymnastik jahrelang beobachtet und auch bei Versuchen mit Sonderklassenschülern hospitiert hatte.
Die Überzeugung vom Wert dieser Erziehungsmöglichkeit veranlaßte ihn, 1925 die «rhythmische Gymnastik» im neu gegründeten Landerziehungsheim Albisbrunn einzuführen, diesen Unterricht aber nicht nur den Zöglingen geben zu lassen, sondern auch für die Erzieher und sonstigen Angestellten Stunden einzurichten, an denen er selbst öfters teilnahm.
*Durch seine Anwesenheit in den verschiedenen Stunden erhielt ich immer wieder Anregung und Aufmunterung, so daß aus jenen drei Jahre dauernden Versuchen ein wirklicher Aufbau der heilpädagogischen Rhythmik entstand.**
Ein Leben lang war Mimi Scheiblauer Prof. Hanselmann in Freundschaft verbunden, was auch ihr Verhältnis zum Heim sehr persönlich gestaltete. Stolz auf die gemeinsame Aufbauarbeit führte sie deshalb viele ihrer in- und ausländischen Besuche in die damals sehr moderne Heimstätte, wo die Zöglinge in Familiengruppen betreut wurden.
Unter Schwererziehbaren verstand man damals Kinder mit auffälligem bis pathologischem Verhalten mannigfacher Art. Sie stammten aus allen sozialen Schichten und verfügten über einen breit gestreuten Intelligenzquotienten. Verwahrlost waren die meisten.
Mimi Scheiblauer war eine schöpferische Praktikerin. Ihre Erkenntnisse zu untermauern, überließ sie den Theoretikern und der Wissenschaft. Andererseits aber verfolgte sie intensiv die geistigen Errungenschaften der Zeit und prüfte sie auf ihre Verwendbarkeit in der Praxis.
Der Lehrer, der Heimerzieher, sieht sich oft vor unlösbar scheinende Probleme gestellt, wenn er eine Klasse oder Gruppe solcher Kinder vor sich hat. Die Schwierigkeit liegt in der Vielfalt der Störungen. In

der selben Gruppe befinden sich Milieugeschädigte, Kinder mit neuropathischer und psychopathischer Konstitution, alles Kinder, die wegen ihrer seelischen Abwegigkeit in besonderen Heimen oder Schulklassen untergebracht werden müssen, da sie in der normalen Schulgemeinschaft nicht tragbar sind. Die vordergründige Aufgabe besteht in der Disziplinierung solcher Kinder. Da muß der Rhythmiklehrer zuerst darauf beharren, daß er mit kleinen Gruppen in geeigneten Räumen arbeiten kann, die weder zu groß noch zu klein sein dürfen. Gerade bei den Schwererziehbaren spielt der Raum eine viel größere Rolle, als im allgemeinen angenommen wird. Ein in den Dimensionen guter Raum wirkt unwillkürlich bereits disziplinierend. (Lobpreisung 2, Nov. 1965)

Die Erfahrungen auf heilpädagogischem Gebiet kommen natürlich auch der Rhythmik der Gesunden zugute. Sie führen vor allem zum Bewußtsein der Ziel- und Zweckrichtigkeit unserer Übungen. (Musikerziehung und Heilpädagogik, Lobpreisung 145, März 1956)

Wir unterscheiden fünf große Übungsgruppen:

a) Ordnungsübungen *mit der Unterteilung in Übungen im freien und beschränkten Raum, Ordnung in den Dingen, Ordnung in uns selbst*

b) Soziale Übungen, *d. h. Übungen zur Einordnung, Unter- und Überordnung*

c) Konzentrationsübungen, *Ausbildung des akustischen-visuellen-taktilen und kinästhetischen Sinnes*

d) Begriffsbildungsübungen, *die dem Prinzip folgen: «Zuerst erleben, dann erkennen, dann benennen»*

e) Improvisations- und Phantasieübungen, *die ganz frei oder an einen Begriff oder Gegenstand gebunden sind*

Nach dieser Gruppierung wird nun in vielen heilpädagogischen Erziehungsheimen gearbeitet.

Wir haben dies in verschiedenen Schulen und Heimen so eingerichtet, daß eine speziell ausgebildete Rhythmiklehrerin ein bis zwei Stunden pro Woche Unterricht erteilt. Der anwesende Lehrer verwendet dann im Laufe der Woche seinerseits die Übungen, wie es sich aus dem Klassenunterricht ergibt. (an einem Kurs, 9. März 1931)

Im eingangs erwähnten Heilpädagogischen Seminar erteilte Mimi

Scheiblauer üblicherweise ihre Lektion mit besonders schwierigen Übungsklassen. Nach der anschließenden Besprechung folgte eine Stunde für die Studierenden selber. *Der Erzieher, der die Übungen selbst gemacht, ihre Wirkung an sich erlebt und sich dadurch ihres Wertes und des Zwecks bewußt geworden ist, wird verstehen, die Rhythmik richtig anzuwenden. Dabei handelt es sich natürlich nicht darum, irgendeine Bewegungsform vorzuführen oder zu befehlen, sondern durch eigene Bewegtheit, die sich in Sprache, Musik, musikalischer Improvisation zeigt, den Schüler zu erfassen, ihn zu fördern und seine gestaltenden Kräfte zu wecken.* (Lobpreisung 3, Dez. 1963)

Der Erfolg des rhythmischen Unterrichts war offensichtlich. Die Klassenlehrer stellten Fortschritte in der Schulung des Willens fest, in der Korrektheit der Arbeitshaltung, in der Anregung der Fantasie und in der Pflege des Gemüts.

Die Bewegung ist für den Erzieher ein wertvolles diagnostisches Mittel, denn der Mensch verrät sich in der Bewegung. Dadurch können wir uns eine gewisse Klarheit über sein physisches Wesen verschaffen.

Der Mensch ist als ein Ganzes geschaffen. Wo aber ein Riß, ein Bruch in seinem inneren Wesen ist, da zeigt sich dies in seinem Aufnahme-, Verarbeitungs- und Ausgabeapparat. Wir sehen, daß das Gleichgewicht fehlt, die Koordination der Bewegung gestört ist, daß die Beherrschung des Bewegungsablaufes nicht vorhanden, daß die Bewegungen nicht unterbrochen, nicht umgeschaltet, nicht durchgehalten werden können. Wir bemerken Konzentrationsschwierigkeiten in akustischer, kinästhetischer, taktiler und visueller Beziehung.

Allerdings dürfen wir diese Mittel nie zu einem feststehenden Testmoment werden lassen und auf alle unsere Schüler anwenden wollen. Denn jeder Mensch ist einmalig, er untersteht seinen eigenen Gesetzen. (Lobpreisung 2, November 1965)

Da die Musik in Töne umgesetzte Bewegung ist, löst sie auch die entsprechenden Bewegungsimpulse aus. Musik kann also Bewegungen auslösen, sie unterstützen, sie steigern, sie aber auch störend beeinflussen. Immer hängt es von dem Einfühlungsvermögen des Rhythmikers ab, zu fühlen, zu wissen, ob und welche Musik der jeweiligen erzieherischen Situation entspricht. Die Musik muß aber immer eine improvisierte, nie eine komponierte sein. Ob die Improvisation auf einem Instrument oder mit der Stimme geschieht, wird von Fall zu Fall zu entscheiden sein. Nie darf der Schüler, und ganz besonders nicht der heilpädagogisch zu erziehende, mit Musik, auch nicht improvisierter, berieselt werden. Auch soll nicht jede Bewegung begleitet oder durch Musik hervorgerufen werden. Es gibt erzieherische Momente, in denen sie unbedingt schweigen muß. Das sind jene Momente, da sich der Schüler aus eigenem Impuls bewegen soll, in seiner Entschlußfähigkeit, seiner Willenskraft, seiner Selbständigkeit nicht beeinflußt werden darf. (Lobpreisung 145, März 1956)

Die Verwendung von Musik und Bewegung zur Beeinflussung des Menschen ist immer dagewesen; sie findet sich in ältesten Überlieferungen.

Die Differenzierung der Musik, das Wissen um ihre Wirkung, und zwar in bezug auf die Anordnung der Töne in diatonischen, chromatischen und in harmonischen Folgen, war (bei Indern und Griechen) auf einer Höhe, von welcher wir uns kaum eine Vorstellung machen können. So hatten sie z. B. Tonarten für die Erziehung, solche für körperliche und seelische Lockerungen, wodurch sie sogar körperliche und seelische Krankheiten heilten. Sie kannten aber auch die Gefahren vulgärer Musik, die den Menschen unnützerweise erregte. Das Wissen um die engen Beziehungen zwischen Musik und Bewegung und ihre Wirkung auf den Menschen in therapeutischer und erzieherischer Hinsicht ist leider nach und nach verloren gegangen. Wohl wiesen bekannte Erzieher, ja auch Ärzte, auf solche Zusammenhänge hin, aber trotzdem wurden je länger desto mehr Musik und Bewegung gesondert unterrichtet, wurden als ‹Fach› einem Teilzweck dienstbar gemacht, anstatt dem Ganzen zu dienen.

Wir wissen aus eigenster Erfahrung, daß auch heute noch zum großen Teil diese Beziehungslosigkeit zwischen Musik und Bewegung besteht.

Wir können den Menschen durch Bewegung erziehen. Erziehen heißt: ihn fähig machen, unterbrechen, umschalten, durchhalten *zu können. Denn er muß diese Fähigkeiten besitzen, damit er später das Leben meistert. Er muß unterbrechen können, um zu sehen, zu hören, zu fühlen. Er muß Zeit finden, um zur Umwelt in Beziehung zu treten.*

Vom persönlichen Standpunkt aus benötigt der Mensch das Unterbrechenkönnen, um sich zu entspannen, um aus Betrieb und Geschäftigkeit des Alltags zur Ruhe zu kommen. Er benötigt aber auch Ruhe, um neue Kräfte zu sammeln.

Auch den Müttern kleiner Kinder muß immer wieder die Bedeutung der Ruhe in den ersten Lebensjahren klar gemacht werden. Um elastisch den Anforderungen des Lebens zu genügen, muß der Mensch umschalten können.

Der Mangel an Elastizität kann einerseits bedingt sein durch die Spezialisierung, andererseits durch Unsicherheit, in der der moderne Mensch lebt. Unsichere Menschen versuchen durch stures Beibehalten von Arbeitsabläufen, durch Festhalten an einem einmal gefaßten, oft ihnen aufgezwungenen Entschluß, durch Mitgliedschaft in einem Massenverband, zu Sicherheiten zu kommen und Halt zu gewinnen. Solche Menschen wehren sich gegen Änderungen, gegen andere Anschauungen. Um aber den richtigen Kontakt mit dem Mitmenschen finden zu können, bedarf es einer seelisch-geistigen Elastizität. Die macht uns fähig, fremde Anschauungen anzunehmen, unsere eigene kritisch zu betrachten, sie zu vergleichen, nötigenfalls sie zu berichtigen. Auch dies ist ein Umschalten.

Natürlich heißt dieses Umschalten und Elastischsein nicht, charakterlos sein. Es bedingt nicht ein Aufgebenmüssen seiner inneren Haltung, sondern verlangt eine andere Art der Kontaktnahme, heißt auch, Menschen Freiheit geben, Bindungen lösen, Fähigkeiten, die sich jeder durch Selbsterziehung anzueignen hat. So bedeutet also Umschaltenkönnen gar vielerlei: beweglich sein, nicht haften, verzichten können u. a. m.

Um fähig zu sein, seiner Idee zu dienen, muß der Mensch durchhalten können.

Oberflächlich gesehen könnte nun das Durchhalten als Gegensatz zum Umschalten und auch zum Unterbrechen stehen. Es handelt sich jedoch beim Durchhalten vor allem um Hingabe, Mut und Konsequenz, zu denen der Grund bereits in den allerersten Lebensjahren gelegt wird. Das Kind soll nicht ohne weiteres von seinem Spiel weggeholt werden, noch dürfen wir sein Spiel korrigieren oder gar zerstören. Es ist wichtig, daß es allein spielen, seine Fantasie betätigen kann. Greift der Erwachsene störend ein, kann sich im Kind der Sinn für das Dabeibleiben, für das Durchhalten nicht entwickeln.

Auch das Beispiel des Erziehers ist von großer Bedeutung. Ungeduldige Eltern, keine Zeit habende Mütter, arbeitsunlustige Väter, pflichtvergessene Betreuer leisten einem späteren Nichtdurchhaltenkönnen Vorschub.

Erlebt das Kind zudem – auch im Gespräch (ein Kleinkind hört und erfaßt mehr, als man oft glaubt) – das mangelnde Arbeitsethos seiner Umgebung, so übernimmt es diese Fehlhaltungen. Seine Fehlhandlungen in der Schule oder Berufslehre sind also Abbild dessen, was es in seiner Frühkindzeit von den Erwachsenen gesehen und gehört hat. Dies ist wichtig zu wissen in einer Zeit, in der so viel über die Jugend geklagt und geschimpft wird wie heute. (Lobpreisung 1, Okt. 1963)

Die Übungen des Unterbrechens, Umschaltens, Durchhaltens gehören in die Gruppe der Ordnungsübungen.

Es ist wohl eine der wichtigsten Erziehungsaufgaben, den Menschen zu äußerer wie zu innerer Ordnung zu bringen. Jeder ernste Erzieher weiß, wie schwer dies ist. Der Heilpädagoge aber im besonderen ist sich klar, daß Unordnung ein typisches Merkmal jeder Anomalie ist. Darum spielen in der Heilpädagogik die Ordnungsübungen eine so große Rolle. Da diese Übungen immer in der Gruppe ausgeführt werden, dadurch die Beziehung zum Mitmenschen einspielen, sind sie auch soziale Übungen *des Sicheinfügens, der Rücksichtnahme, des Führens und des Folgens.*

Dies mag am Beispiel einer sogenannten Grundübung erläutert werden.

Die Kinder gehen frei im Raum herum nach den verschiedensten Richtungen und in selbstgewähltem Tempo. Nur ein einziger Befehl ist gegeben: Nicht anstoßen! Diese scheinbar einfache Aufgabe gibt uns einen Einblick in die verschiedenen charakterlichen Eigenschaften der Kinder. Wir sehen solche, die rücksichtslos absichtlich anstoßen, solche, die sich ängstlich kaum von der Stelle wagen und deshalb immer angestoßen werden, andere, die sich geschickt durchschlängeln, und wieder andere, die, um allen Schwierigkeiten aus dem Weg zu gehen, sich außerhalb der Gruppe bewegen. Erschwe-

ren wir die Übung, indem wir jedem Kind einen Ball geben, der am Boden mit der Hand geschoben wird, so treten die eben genannten Eigenschaften noch viel stärker zu Tage. Um uns klar zu werden, ob eine motorische Beherrschung, eine Koordination zwischen Aufnahme, das heißt Hören, und Sichbewegen besteht, haben die Kinder die gleiche Übung mit der Musik *auszuführen. Wir verlangen also gleichzeitig Ordnung, visuelle Konzentration, akustische Aufmerksamkeit und Beherrschung der Bewegung, da der Ball nur fein geschoben werden darf. Es ist klar, daß diese Übung besonders für Schwererziehbare einen großen Wert hat.* (Lobpreisung 3, Dez. 1963)

Mit Versuchsklassen-Lehrern, die bereit waren, einen überdurchschnittlichen Einsatz zu leisten, ergab sich eine wertvolle Zusammenarbeit über Jahre: Gemeinsam pflegte man neben dem üblichen Pensum die Entwicklung von Fantasie, Gemüt und Gestaltungswillen im Rollenspiel, in dem Ernst und Vergnügen sich die Hand reichen. Durch Übungen mit Verbeugen – beim Grüßen, Platzwechseln, Gegenstände abgeben – wurde Höflichkeit «eingespielt», durch Unterbrechen, durch Warten-bis-man-an-der-Reihe-ist, wurde man Herr seiner selbst, schuf man Ordnung, vielleicht sogar Stille in sich. Der eine war für einmal König, der andere entdeckte seinen eigenen Schalk im tapferen Schneiderlein, der dritte stand als starke, rauschende Eiche da.

Läßt man ihm genügend Raum und Zeit, findet im Rollenspiel auch jedes Kind seine Helferfigur zur Befreiung von Zwängen, je nach Temperament durch aus- oder überspielen. Jeder ist in seiner Rolle anerkannt und kommt seinem Selbstwertgefühl näher, falls der Lehrer bereit ist, auch nicht konforme Lösungen in den Ablauf einzubeziehen.

Unterstützt von Prominenten der Heilpädagogik und Psychiatrie berieten die Erzieher seit dem Schulkapitel 1931 in Dielsdorf, wo Mimi Scheiblauer die Beziehungen der musikalisch-rhythmischen Erziehung zu den Schulfächern Sprache, Turnen, Singen, Schreiben aufgezeigt hatte, ob es nicht möglich wäre, wenigstens für gewisse Klassen die Rhythmik in den Stundenplan zu integrieren. Dabei war man sich einig, daß der Klassenlehrer in den Rhythmikstunden anwesend sein müsse. Abgesehen vom diagnostischen Wert konnte

er auch gewisse Übungen im Unterricht wiederholen. Erst im Sonderschulreglement vom 2. November 1965 allerdings heißt es unter § 16 Abs. 7: «In der Sonderklasse soll, wenn möglich, eine Turnstunde als Rhythmikstunde durchgeführt und von einer Rhythmiklehrerin in Anwesenheit des Klassenlehrers erteilt werden.»
Für die schwierigen Kinder ist die Zusammenarbeit der Lehrkräfte von ganz besonderer Wichtigkeit. So kann die Rhythmik zu dem werden, was sie sein soll, zur Fächer verbindenden, erzieherischen Grundlage. *Der Rhythmiklehrer muß mit großer Ruhe und Sachlichkeit den Unterricht leiten, denn jedwede noch so kleine Verstimmung seinerseits wirkt sich störend in der Klasse aus. Nicht nur von seiner Person, sondern auch von seiner Improvisation muß Ruhe ausgehen. Alle Befehle sollen in musikalischer Form gegeben werden, denn der Musik gehorchen die schwierigen Kinder lieber als einem Menschen.*
Die Improvisation darf sehr einfach sein. Neben dem Klavier, das die meisten Möglichkeiten bietet, verwendete Mimi Scheiblauer im heilpädagogischen Unterricht besonders gern Schlaginstrumente. Unter den vielen einfachen, zum Teil selbstgebauten Klangkörpern, die keinerlei technische Schwierigkeiten boten, fand jedes Kind die ihm entsprechende Ausdrucksmöglichkeit. In kammermusikartiger Formation übten sie mit größtem Vergnügen das ihnen im Alltag verhaßte Ein- und Unterordnen, das Folgen und natürlich auch das verantwortungsvolle Führen.
In der letzten Lebenszeit beschäftigte sich Mimi Scheiblauer in den Kursen mit den Heilpädagogen besonders mit dem Thema des *Schlagzeugorchesters* als Erziehungsmittel. Sie hatte ganz genaue Vorstellungen:

Rassel: *Illustrieren, Improvisieren von Geschichten durch Kinder.*

Schlagholz: *Entstehen lassen von Takt- und Rhythmuseindrücken.*

Xylophon: *Basso ostinato zu Rasselbüchsen und Schlagholz.*

Triangel: *Gegenspieler zu Geräuschen. Impuls, Akzent, Schlußton (Wirbel nicht zu viel brauchen!!), Melodien durch verschiedene Triangel.*

Trommel: *Nur von Hand schlagen. Takt-Stimmung-Rhythmen mit verschiedenen Trommeln.*

Gong, Becken, Zimbeln: *als Klangmuster.*
Wenn mich der Dirigent anschaut, klopfe ich laut einmal. Spieler nach Nummern oder Worten, die einen Satz ergeben, aufrufen.
Wenn der Direktor (kann immer auch ein Schüler sein) die Faust macht, wird laut gespielt, wenn er einen Fingern hoch hält, leise. Der Reihe nach einsetzen (nicht zu früh, nicht zu spät) in verschiedenen Tempi (ohne Führung).
Kleine Motive dirigieren, dann ohne Dirigent wiederholen.
Kleinen Rhythmus vorschlagen, an die anderen weitergeben (auch samt Instrument).
Auswendiges Wiederholen der ganzen Folge mit visuellem Erkennen, ob laut oder leise gespielt werden soll.

4
Schwerbehinderte

Nicht vor Mitleid weinen, helfen tut not, dieses Motto bewegte Mimi Scheiblauer dazu, auch infirme Kinder immer wieder in harmonische Normalklassen zu integrieren. Wohl konnte es dabei vorkommen, daß Eltern ihr gesundes Kind aus dem Kurs nahmen deswegen, um ihm die Schwierigkeiten der Auseinandersetzung mit dem Andersartigen zu ersparen. Doch Mimi Scheiblauer war das soziale Moment viel wichtiger als solche Enttäuschungen von mitmenschlicher Seite.

Als besonders förderlich erwies sich der gemeinsame Unterricht mit Gesunden für Seh-, Hör- und Gehbehinderte, aber auch für Mongoloide oder leichte Spastiker.

Dabei handelt es sich nicht um eine körperliche Therapiebehandlung, für die wir nicht die nötige Ausbildung besitzen, sondern um eine eigentliche seelische Behandlung, indem wir solch geschädigte Kinder in unsere Normalklassen aufnehmen und sie mit gesunden Kindern spielen und arbeiten lassen. Durch das Beispiel sich normal Bewegender wird die Bewegungslust angeregt, die unerwartete Fortschritte zeitigen kann, was für die eigentliche Therapiebehandlung nur ein Vorteil ist.

Auch andersartig körperlich geschädigte Kinder sollen wir, vereinzelt natürlich, in unsere Normalklassen aufnehmen. Wir helfen ihnen dadurch einesteils zum Bekenntnis ihres Defektes, was für die charakterliche Erziehung wichtig ist, anderenteils geben wir ihnen die Gewißheit, daß sie nicht ausgeschlossen sind aus der Gemeinschaft der normal sich Bewegenden. Zudem ist es für die Gesunden gut, ja wichtig, die oft überraschend guten Leistungen eines Mißgebildeten zu sehen.

Bevor das behinderte Kind zum erstenmal mit den Gesunden zusammen an einer Lektion teilnahm, *habe ich mit den Kindern gesprochen und ihnen erklärt, weshalb sie das Kind behandeln sollten wie ihresgleichen. Die Kinder haben sich wunderbar an meine Anweisungen gehalten und hatten sich nach der ersten Stunde schon völlig an das neue Kind gewöhnt,* berichtete Mimi Scheiblauer. Es wurde ihnen selbstverständlich, daß ein Contergan-Kind

mit dem Mund und zwei Fingern Klötze aufschichtete, statt mit den Armen.
Schwerer Behinderte wurden in speziellen Klassen zusammengefaßt. Natürlich mußen dabei Alter und Entwicklungsstufe berücksichtigt werden. *In einer Klasse von Schwachbegabten sitzt ein Mädchen seit Wochen in apathischer Ruhe und Interesselosigkeit. In der ersten Stunde der rhythmischen Arbeit verharrt es in der gleichen Verfassung, in der zweiten beginnt es aufzuhorchen, in der dritten seine Augen zu leuchten, es versucht zu klatschen. Von Stunde zu Stunde steigert sich sein Interesse, und nach kurzer Zeit steht es als Anführerin vor seiner Klasse, welcher es lachend und hüpfend vorangeht.* Gehbehinderte, Cerebralgeschädigte, Mißgestaltete, geistig Schwache animierten sich gegenseitig. Jeder strengte sich an, mitzuhalten, weil er sich in der Klasse angenommen fühlte.
In besonders schweren Fällen war es nicht mehr möglich, einen Klassenverband im eigentlichen Sinne zu bilden. Man war darauf angewiesen, daß genügend entsprechend ausgebildetes Hilfspersonal zur Verfügung stand. Unter der Oberleitung von Mimi Scheiblauer arbeitete je eine Rhythmiklehrerin mit «ihrem Kind».
Eine Gruppe konnte in jahrelanger Arbeit dazu gebracht werden, eine Viertelstunde *gemeinsam* zu arbeiten. – Einen Höhepunkt bedeutete es, als einmal eine Gruppe fünf Minuten lang *allein* bei einer Aufgabe bleiben konnte.
Das erste Ziel ist es, durch Übungen Kontakt und Vertrauen zu Betreuer und zum Mitschüler herzustellen. In einfachen sozialen Übungen lernen die Kinder sodann, sich in eine Gemeinschaft einzuordnen. Spielend übt man, etwas zu Zweien zu tun: miteinander gehen, miteinander auf einen Stuhl klatschen, miteinander einen Ball tragen oder einen Reifen führen. Die Freude an der eigenen Leistung stärkt Mut und Selbstvertrauen. Mit eingespielter Körpertechnik ergibt sich sogar die Möglichkeit, die Erfahrungen gesunder Kleinkinder nachzuholen: Reifen und Stühle kann man stoßen, aber ein Seil läßt sich besser ziehen. Klötze kann man aufeinander schichten. Auch wenn der Schüler Fortschritte macht, muß sich der Erzieher stets bewußt bleiben, daß sich nur anlagemäßig Vorhandenes entwickeln kann. Aber manchmal vergißt sich ein Kind in der Freude und wächst über sich hinaus: Ein außerordentlich ver-

krampfter Junge brachte es eines Tages fertig, einen Ball auf ein aufgerichtetes Rundhölzchen zu legen – und stotterte für lange Zeit nicht mehr. Eine Frau hatte zwei Rundhölzchen aufgestellt und sollte einen Holzstapel darüber legen, für eine Spastikerin eine fast unlösbare Aufgabe. Nach langem Versuchen und geduldigem Zureden von Seiten der Lehrerin gelang es dann doch. Mimi Scheiblauer empfahl der Patientin, in Zukunft das Kunststück täglich zu üben. *Das Glück auf dem Gesicht vergesse ich nie,* erzählte sie.

Einen Infirmen, der seiner Beine nicht mächtig war, stellte sie zwischen zwei Hilfspersonen oder zwei stabile Stühle, half ihm und ermunterte ihn, mit den Füßen einen großen Ball zu stupsen. Dank der leichten Beweglichkeit des Balls war es möglich, daß diese Übung nach Wochen und Monaten gelang.

Solche Übungen sind eine derartige körperliche und geistige Willensleistung und für den Schüler mit so ungeheuren Mühen und Konzentration verbunden, daß sie überhaupt nur möglich sind, wenn sie lustbetont bleiben.

Warum wird so viel Hilfsmaterial verwendet? Das Kind stößt einen Stuhl vor sich her (muß sich also nicht auf eine Person stützen), oder es rollt einem anderen den Ball zu (schafft also Kontakt ohne fremde Hilfe). Das Hilfsmaterial verschafft folglich Freiheit, indem es die Abhängigkeit von der Hilfsperson löst, und Lockerung durch den Ersatz des Leidens am Unvermögen durch das Interesse am bewegten Ding. Nachdem ihre systematische Arbeit deutlich gemacht hatte, daß die Wirkung der Rhythmik stark und zentral sei und in keiner Weise abhängig von allem, was mit Intelligenz zu tun habe, wurden Mimi Scheiblauer von immer mehr Heimen immer schwierigere Fälle anvertraut.

Sie erkannte, daß auch bei schwerst Behinderten, wo Worte kaum mehr ein Verständigungsmittel sind, über Klang und Bewegung vieles erreicht werden kann: Ein rollender Gegenstand oder ein einzelner Ton können Reaktionen auslösen, die zum Ausgangspunkt einer entscheidenden Entwicklung werden.

Da waren Schwachsinnige, die aufgenommene Töne in irgendeine Schaukelbewegung übersetzten, ab und zu auch mit eigenen Lauten begleiteten. Hier wurde es ihr möglich, durch rhythmische oder musikalische Eindrücke ordnend dem Unwillkürlichen dieser Bewegungen entgegenzuwirken. Außer der lockenden eigenen Stimme nahm sie nur allereinfachste Klangkörper zu Hilfe: Glocke, Schlaghölzchen, Rasselbüchse, Triangel, einzelne Töne oder Motive auf der Bambusflöte. In späteren Jahren verzichtete Mimi Scheiblauer in einzelnen Fällen ganz auf den Ton, worauf in kritischen Kreisen die Frage auftauchte, ob das denn überhaupt noch Rhythmik sei.

Ihre Arbeit setzte bei diesen Benachteiligten dort ein, wo sie «stehen gelassen» worden waren. Apathischen rollte sie erst einmal eine rote Kugel zu. Die Hilfsperson versuchte nun, mit ihren eigenen und mit den Händen des Patienten die Kugel entgegenzunehmen. So übte man mit winzigen Variationen und Überraschungsmomenten (schnell rollen, langsam rollen, von nah, von weit, von der Seite, unter dem Stuhl durch usw.), unendliche Male über Wochen und Monate. Irgend einmal versuchte das Kind dann, von sich aus die Kugel zurückzustoßen als Zeichen einer eigenen, freudigen Erfahrung. Von nun an konnten die Übungen behutsam erschwert werden, etwa durch Abwechseln mit einem geräuschlosen Ball, mit einer rollenden Rasselbüchse oder Rundhölzchen.

Immer mußte die Hand erst geführt werden. Erst wenn die Bewegung gefühlt wurde, sollte sie ohne Hilfe versucht werden. Mit Gehunfähigen wurde an Tischen gearbeitet. Mit viel Fantasie erfand man immer wieder neue Übungen, die das Mittun auch mit gelähmten Beinen ermöglichten, dem Ausgeschlossensein ein Ende setzten. Diese Arbeit lag hauptsächlich in den tüchtigen Händen der Scheiblauer-Rhythmikerin Olga Zollinger.

Auch von diesen Schülern verlangte Mimi Scheiblauer Leistungen, denn sie war der Überzeugung, daß man einen Menschen, indem man nur Nachsicht übe, als Individuum nicht ernst genug nehme und damit innerlich fallen lasse. Sie sah in jedem einen unwiederholbaren Menschen und versuchte, zu seinem verschütteten Wesen vorzudringen, um ihm zu helfen, in steter Bereitschaft, auch Mißerfolge anzunehmen, nach den eigenen Fehlern zu suchen und neu zu beginnen.

Die gleiche Hingabe und Geduld bewies sie bei einer weiteren Aufgabe, von der kaum jemand wußte: Jeden Sonntag besuchte sie eine alte Bekannte, der die Arteriosklerose das Gedächtnis ausgelöscht hatte. Mit größter Intensität sprach sie die Patientin in den allereinfachsten Bereichen an. Es ging ihr um die Frage, ob bei einem Menschen auch ohne die aufstrebende Kraft der Jugend die Persönlichkeit wieder aus der Tiefe geholt werden könne. Jede Woche begann sie wieder ganz von vorn, ging den ganzen Weg nochmals vom einzelnen Ton oder Geräusch über Gesten bis hin zu Kinderliedern. Und tatsächlich: Eines Tages stellte die Patientin eine ganz klare Frage, die sogar bewies, daß sie Mimi erkannt hatte. Von da an wurden die Fortschritte immer deutlicher.

Dritter Teil

Aufsätze zur Musikerziehung von Mimi Scheiblauer

1 Gibt es wirklich Unmusikalische?

Unmusikalisch! Wieviel Freude, wieviel innerliche Erhebung und seelische Weiterentwicklung liegt unter diesem unglückseligen Wort begraben! Wie oft und wie gedankenlos wird es ausgesprochen. Warum fällt es eigentlich niemandem ein, die gleiche Auffassung auf den Unterricht im Lesen, Schreiben und Rechnen anzuwenden? Auch da zeigen sich bei den Kindern Unlust, Beziehungslosigkeit, größere oder geringere Begabung. Und doch wird kein vernünftiger Mensch verlangen, dann auf eine Unterweisung zu verzichten. Im Gegenteil finden Eltern wie Lehrer in diesem Falle einen besonders sorgfältigen, geduldig und ausdauernden Unterricht angebracht. Wohl vor allem deshalb, weil am Lesen-, Schreiben-, Rechnenkönnen offensichtlich das wirtschaftliche Fortkommen des jungen Menschen hängt. Dagegen ist die Erkenntnis, daß der charakterlichen und seelischen Entwicklung unserer Jugend mindestens die gleiche Bedeutung zukommt, leider noch nicht allgemein durchgedrungen, und deshalb kämpfen wir für sie.

Musik ist die Sprache der Seele! Sollte es wirklich Menschen geben, welche diese Sprache nicht verstehen und auch nicht erlernen könnten?

Die folgenden Ausführungen dienen der Untersuchung, inwiefern der Begriff «unmusikalisch» eine Berechtigung hat und wie er, wenn keine vorhanden, durch einen passenderen Ausdruck ersetzt werden kann.

Ein Mensch bezeichnet sich selbst als unmusikalisch, wenn er gar keine Beziehung zur Musik hat oder wenn er lieber nur Jazz- und Ländlermusik hört als Kunstmusik. Manchmal empfindet sich jemand als unmusikalisch, weil er selber kein Instrument spielt oder weil der genossene Unterricht aus irgendwelchem Grunde in schlechter Erinnerung blieb. Wenn Eltern sich als unmusikalisch einschätzen, so glauben sie leicht, auch ihre Kinder müßten unmusikalisch sein. Umgekehrt beurteilen musikalische Eltern ihre Kinder als für die Musik unbegabt, wenn letztere falsch singen, keine Freude am Musikunterricht bekunden, ungern üben, usw. Dies sind einige wenige Einwände, sie lassen sich noch sehr vermehren. Prüfen wir aber noch so viele auf ihre Stichhaltigkeit hin, so können alle widerlegt werden. Wir wollen dies nun mit den angeführten tun.

Die Beziehungslosigkeit zur Musik ist bedingt durch allerlei unangenehme Jugenderfahrungen. Wir wissen dies aus den vielen Untersuchungen bei Normalen und Anormalen. Enttäuschungen, Zurücksetzungen, schwierige häusliche Verhältnisse, der Zwang, ein nicht gewünschtes, nicht geliebtes Instrument erlernen zu müssen, ein nicht dem Kinde angepaßter Musikunterricht, alle diese Umstände können zu einer Trotzeinstellung führen, welche alle Beziehungen zur Musik vollständig zu verdrängen vermag.

Die Ablehnung der gesamten Kunstmusik oder einer bestimmten Richtung derselben kann aus Gründen, wie die eben erwähnten, erfolgen, kann aber auch einen anderen Ursprung haben, entwicklungsbedingt sein. Jeder Mensch durchläuft in seiner eigenen Entwicklung in großen Zügen die Menschheitsentwicklung bis zum heutigen Tag. Die Musik selber ist, als Ausdruck des Zeitgeschehens, an diese Entwicklung gebunden. Je nach dem Stand seiner eigenen Entwicklung sind die Beziehungen des Menschen zu dieser oder jener Kulturepoche und zu deren Kunstäußerungen, also auch zu ihrer Musik, bejahend oder ablehnend. Auch Vererbung, Erziehung, Umwelt und Beruf beeinflussen weitgehend den Geschmack des Menschen. Musik ist Ausdruck der Seele. Mannigfaltig wie sie, sind auch die Möglichkeiten der musikalischen Äußerungen und Betätigungen, darum ist auch die Musikalität nicht gebunden an das Spielen irgendwelcher Instrumente. Singen, pfeifen, sich nach Musik bewegen sind ebensogut musikalische Betätigungen wie Klavier- oder Geigenspiel. Nicht auf das *Was,* sondern auf das *Wie* kommt es auch in der Musikübung an; ein Hand- oder Mundharmonika-Spieler kann sein Instrument mit ebensolcher Freude und Hingabe spielen, wie ein anderer seine Trompete bläst und ein Dritter sein Klavier oder seine Geige spielt.

Auch das Erlernenmüssen eines nicht geliebten Instrumentes kann zur «Unmusikalität» führen. Wenn sich der Erlernung eines solchen Instrumentes große technische Schwierigkeiten entgegenstellen, wenn das Kind nur sehr langsam vorwärts kommt, äußert es manchmal den Wunsch nach einem anderen Instrument. Diesem Wunsch sollte, wenn irgendwie möglich, Rechnung getragen wer-

den, denn sehr oft stellen sich nach dem Wechsel große Freude und ein neuer Aufschwung ein.
Natürlich gibt es auch Fälle, in denen die Unlust am Üben, die Interesselosigkeit an der Musik durch gestörte Beziehungen zwischen Lehrer und Schüler bedingt sind. Da ist es Pflicht der Eltern, durch sorgfältige Beobachtungen und sachlich geführte Besprechungen mit dem Musiklehrer den Grund der gegenseitigen Unzufriedenheit festzustellen und zu beseitigen. Es handelt sich ja meistens um Kleinigkeiten, welche sich im Anfang leicht berichtigen lassen, während sie sich, nicht beseitigt, mit der Zeit immer störender auswirken können. Immerhin steht man auch schwierigen Fällen nicht hilflos gegenüber, seit im Musikunterricht das psychologische Moment immer mehr in den Vordergrund tritt. Aus dem Bestreben, im Schüler vor allem die Freude und das Interesse an der Musik stets wach zu halten, erwuchs die Erkenntnis, daß in erster Linie nicht das Technische, sondern das gemütsbildende Element gepflegt werden müsse. In dieser Richtung hat sich eine große Wandlung des Musikunterrichtes vollzogen. Ein moderner Unterricht, vom Kinde ausgehend, seiner Entwicklung angepaßt, seinem Interesse entgegenkommend, wird alle die Stoßseufzer über das Übenmüssen gar nicht mehr aufkommen lassen.
Was nun das falsche Singen anbetrifft, welches so oft als Beweis der fehlenden Musikalität angeführt wird, so hat dasselbe ebenso verschiedene Ursachen wie zum Beispiel die Beziehungslosigkeit zur Musik. Vor allem sei mit Nachdruck festgestellt, daß es nicht von vorneherein als Begleiterscheinung eines schlechten Musikgehörs angesehen werden darf. Unfähigkeit der akustischen Konzentration, schlechte Verbindung zwischen Gehör- und Stimmbandfunktionen, seelische Störungen verschulden viel öfters ein falsches Singen als ein schlechtes Gehör. Wir können überhaupt nur dann von einem solchen sprechen, wenn organische Störungen wie Schwerhörigkeit oder Taubheit vorliegen. Sogar solche Gebrechen schließen die Beziehung zur Musik nicht aus, hat doch die rhythmische Arbeit mit Taubstummen ergeben, daß auch die Gehörlosen die Sehnsucht nach Musik in sich tragen und daß diese Sehnsucht gestillt werden kann, wenn der Vibrationssinn genügend ausgebildet wird und die Funktionen des Gehörs übernimmt. Dieser Sinn spielt auch bei der

Musikaufnahme des Hörenden eine außerordentliche, wenn nicht wichtigere Rolle als das Gehör selbst, denn er ist es, der die tiefsten seelischen Erregungen durch die Musik erst möglich macht. Durch ihn werden wir «erschüttert»!

Stellen wir uns nun zum Schluß unserer Betrachtungen nochmals die Frage: Gibt es wirklich Unmusikalische? so lautet unsere Antwort: Wohl gibt es Menschen, welche beziehungslos der Musik gegenüber stehen. Aber wenn die Beziehungen noch nicht vorhanden oder gestört sind, so gibt es Mittel und Wege, sie herzustellen. *Unmusikalisch sein heißt: noch nicht zur Musik erzogen worden sein.* Wir können aber, gestützt auf Erfahrungen mit Tausenden von Schülern, aus innerster Überzeugung sagen: *Jeder Mensch kann zur Musik erzogen werden.*

2
Durchhalten

Die Tatsache, daß viele Eltern beim geringsten Widerstand ihrer Kinder die Musikstunde ausfallen lassen oder sogar den Musikunterricht abbrechen, ist ein bedenklicher Übelstand, unter welchem viele Musiklehrer leiden. Gewiß, es gibt schwerwiegende Gründe wie Krankheit, andauernder Schwächezustand, Überlastung durch die Schule oder durch Schulaufgaben, die ein Aussetzen des Unterrichts rechtfertigen und von jedem einsichtigen Musiklehrer als Entschuldigung angenommen werden. Zwar kann man bei letztgenanntem Grund die Frage stellen, ob der Musikunterricht, neuzeitlich erteilt, nicht ein die geistigen Kräfte neu belebendes, Abwechslung und Entspannung bringendes Element sei, welches dem Schulunterricht und seinen Aufgaben zugute kommt. Die Beantwortung dieser Frage gehört nicht hierher.
Wir möchten vielmehr einen Fall besprechen, in welchem der Ausfall der Stunde folgendermaßen begründet wird:
Das Kind hat nicht geübt.
Der Grund, warum es nicht übte, wird selten angegeben. Forscht man danach, so sind Schulaufgaben oder private Abmachungen die Ursache des Nichtübens. Man schiebt gerne die Schulaufgaben vor, obgleich es sich meistens um eine schlechte Zeiteinteilung handelt: man geht zu früh auf den Schulweg, kommt zu spät nach Hause, vertrödelt beim Aufgabenmachen die Zeit durch mangelnde Konzentration und findet «mit bestem Willen» keine Zeit zum Üben. Die schulfreien Nachmittage sind ohnehin in erster Linie zum Vergnügen da, Aufgaben werden wieder erst am Abend gemacht, und wiederum war keine Zeit zum Üben. Die Tage vergehen, die Musikstunde naht, das schlechte Gewissen läßt es nicht zu, in die Stunde zu gehen. Es gibt jedoch Kinder mit gleichem Stundenplan und ebenso viel Schulaufgaben, die immer Zeit zum Üben finden. Solche Kinder werden sehr oft als besonders begabt angesehen, dabei ist aber eine gute Zeiteinteilung die Ursache des Übenkönnens. Es gibt jeden Tag freie Minuten, in welchen man etwas üben kann, einige Übungen, einen schwierigen Takt, Notenschreiben u. a. m. Gewöhnt man sich daran nach der Schule *vor* den Aufgaben, an schulfreien Nachmitta-

gen *vor* dem Vergnügen eine Viertel- bis halbe Stunde zu üben, so geht man frischer an die Aufgaben, froher zum Spiel, als ohne diese kleine Pflichterfüllung. Auch das Üben morgens *vor* der Schule ist empfehlenswert. Sollte es wegen Ruhestörung verboten sein, nehme man seine Musikhefte und *lese ohne Instrument,* man wird staunen, wie sich dieses Lesen günstig aufs Üben auswirkt!
Allerdings: *Ausschlaggebend für eine solche Zeitausnützung ist das Verhalten der Erzieher.* Das Kind kommt von sich aus nicht zu einer solchen Zeiteinteilung. Die Eltern müssen ihm dazu verhelfen, müssen es dazu anhalten und müssen vor allem das Beispiel geben! Das verlangt vom Erzieher eine eiserne Selbstdisziplin. Das Kind beobachtet beständig die Erwachsenen, beachtet und merkt sich deren Inkonsequenzen und stellt sich, meistens unbewußt, auf den Standpunkt: Was der Erwachsene tut, ist auch mir gestattet, ein jeder, ob groß oder klein, hat das gleiche Recht. Wir sehen die Auswirkung des schlechten Beispiels erschreckend klar bei der Jugend der kriegsgeschädigten Länder, sehen es aber, leider, auch bei unserer Jugend. Schwierig ist die Erziehung des Erziehers, noch schwieriger die Selbsterziehung, der sich jeder Erwachsene unterziehen muß, wenn er ein Verantwortungsgefühl der Jugend wie überhaupt seinen Mitmenschen gegenüber empfindet. Dieses Verantwortungsbewußtsein bestimmt letzten Endes auch, ob und wie lange das Kind Musikunterricht erhalten soll und ob dieser Unterricht gestrichen werden darf.
Ein jedes Kind, ob arm oder reich, hat Anrecht auf eine Einführung in die Musik. Denn: Musik ist die Sprache der Seele, und diese Sprache soll jeder Mensch verstehen und zum mindesten etwas sprechen lernen. Diese Erkenntnis war seinerzeit bestimmend für die Einführung des Gesangsunterrichtes in den Schulen, sie wirkt heute noch überall dort, wo Kinder und Jugendliche in ernsthafter Weise zum Musizieren angehalten werden. Erfreulicherweise ist das heute besonders in den kriegsgeschädigten Ländern der Fall, wo man einsieht, daß der seelischen Not durch Musik am besten gesteuert werden kann. Behörden und Private ermöglichen allen den nötigen Musikunterricht. Gleichwohl müssen die Musikpädagogen nur zu oft die Erfahrung machen, daß viele Erzieher die Notwendigkeit einer konsequenten Erziehung durch und zur Musik nicht einsehen

wollen, den Musikunterricht in irgend einer Form ihren Kindern vorenthalten oder abbrechen, wenn das Kind keinen Eifer zum Erlernen eines Instrumentes zeigt. Immer öfter führt auch die Einstellung, dem Kinde solle nach der Schule die wenige freie Zeit nicht noch durch das Übenmüssen verkürzt werden, zum Aufhören des Unterrichts. Dieser Beweggrund kann nicht ohne weiteres angenommen werden. Sehr oft nützt einem Kinde, welches sehr zerstreut ist, sich auf ein Instrument konzentrieren zu müssen mehr, als auf der Straße herumzutollen. Unsere Jugend bedarf einer strengeren Zucht, als sie in den letzten Jahren gehandhabt wurde. Dies gilt auch für den Musikunterricht. Wird er konsequent durchgeführt, so wirkt er sich günstig auf die Gesamterziehung aus.

Der neuzeitliche Musikunterricht, begonnen mit der musikalisch-rhythmischen Erziehung, fortgesetzt im Singen, weitergeführt im Instrumentalunterricht, gipfelnd im Zusammenspiel, birgt in sich wertvollste Möglichkeiten der Ausdrucksgestaltung, der Konzentration und nicht zuletzt der Gemeinschaftserziehung, daß er als bedeutsames Erziehungsmittel angesehen werden darf und also schon deshalb den Menschen über eine große Spanne seines Lebens begleiten soll. Dieses Mittel wird allerdings nur dann seine Wirkung auf die Charakterbildung des jungen Menschen ausüben können, wenn Eltern und Musikpädagogen in engem Kontakt stehen und sich gegenseitig helfen. Weil das nicht immer der Fall ist, möge der Wunsch hier ausgesprochen werden: Eltern, laßt den Musikpädagogen teilnehmen an euren Erziehungssorgen, Musikerzieher, kümmert euch nicht nur um die musikalischen, sondern auch um die menschlichen Probleme eurer Schüler!

(1948)

Vierter Teil

Auswirkungen

1
«Lobpreisung der Musik»

1942 gründete Mimi Scheiblauer den «Sämann-Verlag» und ließ dort unter dem Sammeltitel «Lobpreisung der Musik» jährlich zehn bis zwölf eigene Aufsätze und bedeutende Arbeiten von Autoren aus ganz Europa erscheinen. Der Sinn war, auch in den Kriegsjahren das Interesse an der musikalisch-rhythmischen Erziehung wachzuhalten.

Wir möchten also, daß auch fernerhin möglichst viele mit uns gehen, die kein berufliches Interesse an unserer Arbeit haben, sondern von deren Notwendigkeit an sich überzeugt sind. Um so rascher werden wir unserem eigentlichen Ziele näherkommen: den Boden für unsere geliebte Musik, die dem Menschen so viel geben kann, zu bereiten und die Überzeugung zum Gemeingut zu machen, daß die Musik immer mehr einen unerläßlichen Bestandteil der Jugenderziehung bilden muß. Alles übrige wird sich von selber ergeben, schrieb Mimi Scheiblauer in einem Nachwort.

Mimi Scheiblauer redigierte das Schriftchen 27 Jahre lang unter großen zeitlichen und finanziellen Opfern, stets im Sinne der alten Titellosung. Nach ihrem Tode fand sich niemand mehr bereit, so viel persönlichen Einsatz zu leisten, weshalb seine Tage bald gezählt waren.

Im Laufe der Jahre wurden viele ihrer eigenen Aufsätze, vor allem diejenigen über die Gehörlosenarbeit, übersetzt und in den Bestand von Europäischen Bibliotheken aufgenommen. Nach Amerika ge-

langten sie über «The convention of American Instructors of the Deaf» und «Philanthropic Information center on Depness».
Im Sämann-Verlag erschien auch die gesamte Literatur der Bambusflöten-Gilde, die «Liedli» von G. Kugler, die Kinderlieder von Pfisterer/Zellweger und anderes.
Musikerziehung *steht, wie alle Erziehung, im Dienste der Menschheitsentwicklung. Erziehen heißt: den Menschen hinführen zum Ziel der Persönlichkeit. Drei Aufgaben hat dieses Führen zu erfüllen:*
1. Die guten Anlagen des «Ich» zu wecken und zur vollen Entfaltung zu bringen.
2. Das «Ich» zum «Du» hinzuleiten, die Beziehung zum «Andersgearteten» anzuknüpfen und die Fähigkeit des Einordnens in eine Gemeinschaft auszubilden.
3. Die Synthese der ersten und zweiten Aufgabe zu schaffen, das Gefühl der Verantwortung sich selbst und andern gegenüber in den Menschen zu legen, es so zu vertiefen, daß er sowohl als Gefährte wie auch als Führer einer vollständigen Hingabe an eine Aufgabe fähig werde.
Jeder Pädagoge, auch der Musikpädagoge, wird diesen drei Aufgaben gerecht zu werden versuchen: Im Mittelpunkt des früher gültigen Musikunterrichts stand das Fach «Musik» und sein Vertreter. Der Unterricht diente der Verherrlichung der Kunst, des Künstlers und wurde daher im Sinne der «l'art pour l'art» erteilt. Daraus ergab sich auch die Stellung des Musiklehrers, welcher aus Interesse an der Kunst unterrichtete. In der Musikerziehung hingegen steht der Schüler im Mittelpunkt des Interesses. Der Musikerzieher fragt sich: Was benötigt mein Schüler, welche Art von Musik ist seiner Entwicklung angepaßt, wie kann ich ihn durch Musik fördern?
Der Musikpädagoge kann aber nur dann seine Aufgabe voll und ganz erfüllen, wenn die Eltern, vertraut mit den Grundsätzen der Musikerziehung, seine Arbeit durch ihr Interesse und Vertrauen unterstützen. (Lobpreisung 20, ca. 1943)
Um Eltern und Erziehern die Möglichkeit zu bieten, sich mit der Musikerziehung auseinanderzusetzen, veranstaltete Mimi Scheiblauer eigene Kurse mit verschiedenen Fachreferenten, denn das Angebot an öffentlichen Weiterbildungskursen war beschränkt.
Dem Zweck der Orientierung, der Weiterbildung und des Selbsterle-

bens dient unsere Arbeitswoche der Musikerziehung. Durch Vorträge werden die Teilnehmer in die Bedeutung der Musikerziehung eingeführt, durch Demonstrationen über die verschiedenen Gebiete der Musikerziehung orientiert, durch praktische Arbeit auf einem dieser Gebiete an das Erlebnis Musikerziehung hingeführt.

Zur Abrundung der Musikerziehung entstanden die Jugendkonzerte, welche dem fortgeschrittenen Schüler den Zugang zum Konzertbesuch erleichtern sollten. Um ihn vor «Kulturkonsum» zu bewahren, wollte man den Jugendlichen lehren, musikalische Erlebnisse zu verarbeiten.

Ist das Gehör der Kinder durch den Unterricht in musikalisch-rhythmischer Erziehung soweit geschult, daß es die Bewegung einer Melodie verfolgen, ihren agogischen wie formalen Bau auffassen, auch auf eine Gegenstimme achten kann und Dreiklänge erkennt, so ist das Kind reif zum ersten Konzertbesuch. *Wollen wir unsere bis dahin sorgfältig aufgebaute Musikerziehung im gleichen Sinne weiterführen, so müssen wir die Konzerte selber veranstalten, die Programme dem Entwicklungsstand des Kindes anpassen und sorgfältig vorbereiten. Dazu gehört in erster Linie eine Einführung in die im Programm enthaltenen Formen. Wir erleben durch einfachste Darstellung das Charakteristische eines Menuetts, einer Gavotte, eines Marsches, einer Polonaise, setzen agogische oder klangliche Eigentümlichkeiten der einzelnen Stücke in Körperbewegungen um, zeichnen die vom Lehrer vorgezeichnete graphische Darstellung polyphoner Stimmführung nach, schauen uns sogar die Noten an, ohne aber den Namen des Komponisten lesen zu dürfen; auch die Musik selber erklingt nicht vor dem Konzert, sondern der Lehrer ahmt sie improvisierend nach. Dadurch wird die Erwartung auf das Konzert hin gesteigert. Dieser Vorbereitung dienen gewöhnlich die zwei Rhythmikstunden vor dem Konzert. Sie sind im Grunde genommen eine Wiederholung des bis jetzt behandelten Stoffes. Selbstverständlich bereiten sich die Mitwirkenden trotz der einfachen Aufgabe sorgfältig vor, denn nur das Beste ist für das Kind gerade gut genug. Darum ist es auch wichtig, daß gleichgesinnte Erwachsene, die wirklich ihre Aufgabe beherrschen, sich zur Mitwirkung zusammentun und wenn möglich sich auch für die weiteren Konzerte zur Verfügung stellen. Ebenfalls wünschenswert ist die*

Anwesenheit der Eltern und älteren Geschwister, denn gemeinsam Erlebtes führt zur wahren Gemeinschaft.
Das Konzert wird zeitlich so angesetzt, daß die Kinder ausgeruht und aufnahmefähig sind, also in den späteren Stunden eines schulfreien Nachmittags oder am Sonntagvormittag. Bei vollständiger Ruhe gibt der Lehrer den Namen des Komponisten bekannt, dem das ganze Konzert gewidmet ist. Er erzählt in leicht faßlicher Weise den Lebenslauf und bringt vor allem den Kindern die Persönlichkeit, das menschlich Wertvolle dieses Musikers nahe. Natürlich interessieren sich Kinder für die Handschrift, für das Aussehen u.a.m. Nach diesen kurzgehaltenen biographischen Angaben folgt das Konzert, dessen einzelne Nummern nicht länger als zwei bis drei Minuten dauern sollen, seine ganze Dauer zwanzig Minuten nicht überschreiten soll. Die Aufnahme- und Konzentrationsfähigkeit wird durch das erstmalige Konzerterlebnis außerordentlich stark in Anspruch genommen und läßt rasch nach. Das Kind ermüdet, verliert das Interesse und stört die noch Aufmerksamen. Nicht nur die Kürze der einzelnen Stücke, sondern ihr verschiedener Charakter, die Verschiedenheit der Instrumente, Flöte, Geige, Hausorgel, Klavier, – die vor oder nach dem Stück eingeflochtenen Bemerkungen über Titel, Entstehungsweise und dergleichen, nicht zuletzt die durch den Schüler gemachten und geäußerten Beobachtungen, regen die Aufmerksamkeit immer wieder von Neuem an. Öfters werden Wünsche nach Wiederhören eines Stückes laut, denen natürlich nachgekommen wird.
Solche Konzerte dürfen sich nicht zu rasch folgen, sonst verlieren sie den Reiz des Seltenen und Wertvollen. Auch sollen die Kinder warten lernen, sollen Sehnsucht nach solchem Musikhören bekommen. Darum lassen wir das zweite Konzert erst nach einem halben Jahr oder oft noch später folgen.
Das erste Konzert widmet man am besten J. S. Bach. *Sein Klavierbüchlein für Anna Magdalena enthält eine Menge für diesen Zweck außergewöhnlich geeigneter kleiner Kompositionen, die sich ohne Schwierigkeit auch auf anderen Instrumenten spielen lassen. Durch die einfache Stimmführung, den klaren motivischen Aufbau und die übersichtliche Form sind sie dem Wesen und dem Verständnis des Kindes durchaus angepaßt. Es ist die irrige Meinung Erwachsener,*

das Kind könne Bachs Musik nicht verstehen; richtig vorbereitet lieben unsere Rhythmikkinder den großen Meister.

Der Komponist des zweiten Konzertes ist Mozart, *dessen Wunderkind-Alter besonders das Interesse der Kinder weckt. Aus seinen Jugendkompositionen, den vielen Menuetts, Variationen, Walzern, läßt sich allein schon ein ganzes Programm zusammenstellen. Aber auch in seinen Klavier- und Violinsonaten gibt es Themen oder einzelne Variationen, die bei richtiger Einführung dem Kinde gefallen.*

Nach Mozart, manchmal auch vorher, kommt J. Haydn *an die Reihe, dessen vierhändiges Variationenwerk «il maestro e lo scolare» das Entzücken der jugendlichen Zuhörer ist und ihren Sinn für den Humor in der Musik zeigt. Es gibt in Haydns Klaviertrios und Streich-Quartetten manchen leichtverständlichen Satz, der bereits den Sinn für das gemeinschaftliche Musizieren, für Haus- und Kammermusik wecken kann.*

Dann kann Beethoven *folgen, dessen Jugendkompositionen allerdings schon größere Ansprüche an die Auffassungsgabe der Kinder stellen, die derweilen ja auch älter geworden sind. Man kann aber auch die Entwicklung einer Form, zum Beispiel der Menuett-Form, zeigen, kann im Programm verschiedene Stile einander gegenüberstellen, kann zu den Kompositionen alter Meister wie* Couperin, Lully, Rameau *greifen, die so meisterlich verstanden, Stimmungen und Charaktere in der Musik widerzugeben. Bestimmend für die Programmgestaltung wird immer in erster Linie der Entwicklungsgrad unserer Schüler sein. Halten wir uns daran, so dienen wir auch mit den Jugendkonzerten der Erziehung zur und durch die Musik.*

(Lobpr. 61, November 1947)

2
Die Saat geht auf

Im Verlauf ihrer Arbeit als Musikpädagogin erkannte Mimi Scheiblauer immer deutlicher den Einfluß der musikalischen Erziehung auf die Entwicklung der gesamten Persönlichkeit. Deshalb legte sie immer mehr Gewicht auf die gesamterzieherische Komponente. Dies war einer der Hauptgründe, weshalb immer weitere Kreise sich für ihre Arbeit interessierten:
Musikpädagogen, Kindergärtnerinnen (seit 1930), Volksschullehrer (seit 1933) suchten Orientierung in regelmäßigen Wochenend- und Ferienkursen. Die Heilpädagogen hatten im Heilpädagogischen Seminar Gelegenheit, sich in die Grundbegriffe der musikalisch-rhythmischen Erziehung einzuarbeiten.
Gewöhnlich eröffnen wir den Kurs mit Probelektionen mit gänzlich unvorbereiteten Kindern einer Sonderschule oder Zöglingen eines Heims. Wenn irgendwie möglich, werden diese Lektionen während der ganzen Dauer des Kurses weiter geführt, so daß bis zu dessen Ende ein Fortschritt der Klasse sichtbar wird und zugleich auch ein Aufbau der Elementarübungen gegeben ist. Die Kursteilnehmer besuchen zu ihrer eigenen Bildung einen Kurs in Rhythmik und werden auch in die einfachsten Improvisationen mit Singen und Schlagzeug, je nach Fähigkeit auch Klavier, eingeführt. Ist der Kurs von kurzer Dauer, so finden nur einmal Probelektionen statt, dann aber mit verschiedenen Klassen.
Auf die meisten derartigen Veranstaltungen folgten neue Anfragen. Viele Kindergartenseminarien, Musikschulen, Institute und Heime verpflichteten Rhythmiklehrerinnen jetzt ganzjährlich.
Gemeinsam war allen Kursen, daß man zur Einsicht kam, mit Zuschauen und Aufschreiben allein sei es nicht getan. Die persönliche Ausstrahlung und die überlegene Improvisation gehören dazu. Faszinierte Kursteilnehmer aus dem In- und Ausland meldeten sich deshalb in Zürich als Schüler oder Hospitanten. Viele ließen sich begeistern, wenn auch die Forderungen, welche Mimi an den Erzieher stellte, alles andere als einfach und bequem waren: absoluter Einsatz, absolute Konzentration, aber auch Selbsterziehung: Als bei einer Probelektion eine besonders gute Leistung Applaus erhielt,

trat sie an den Bühnenrand und verblüffte die über hundert Kursteilnehmer mit der spöttischen Bemerkung: «Wie pädagogisch!»

Die Erweiterung des geistigen Horizontes ist für jeden Menschen gut, für den Erzieher aber notwendig. Er soll Anregungen verschiedenster Art aufnehmen und sie seinem verantwortungsvollen Beruf dienstbar machen. Nur so entzieht er sich der Gefahr der Einseitigkeit, der Verknöcherung, der Überheblichkeit, und bietet seinem Zögling das Beispiel schöpferischer Regsamkeit. (Lobpr. 36, 1945)

Gegen Ende des Krieges stellte sich Mimi Scheiblauer nationalen und internationalen Aktionen zur Verfügung, die im weitesten Sinne Kinderhilfe oder Erwachsenenbildung betrieben. Vor allem schrieb sie Aufsätze und hielt Vorträge am Radio und an Schulen.

Da die kriegsgeschädigten Kinder im Grunde genommen auch ein heilpädagogisches Problem sind, ist es naheliegend, auch sie durch die musikalisch-rhythmische Erziehung zu erfassen und zu fördern. Bereits sind auch solche Versuche unternommen worden, so z. B. mit einer Gruppe italienischer Flüchtlingskinder, welche in ihrer Wildheit und Disziplinlosigkeit jedweder Bildung und Erziehung unzugänglich waren. In ihrer Verzweiflung wandte sich die Lagerleitung an eine Rhythmiklehrerin, welche die Kinder zur Konzentration und zu erfreulichem Arbeiten brachte.

Von welcher Bedeutung das Spiel und besonders das rhythmische Spiel ist, konnten wir bei zwei Holländerkindern beobachten, welche nach lautem und herrischem Auftreten in einem hiesigen Kindergarten durch das Spiel mit einem Ball vollständig beruhigt wurden und dem Rhythmikunterricht ohne weitere Schwierigkeiten folgten. (Vortrag 1943)

Damals setzte sie sich mit den Forschungsergebnissen der Schulmedizin auseinander, die Gebiete wie «Musik in der Medizin» berührten. Auch der Antroposophie widmete sie sich wieder. Gleichzeitig stand sie im Kontakt mit Prof. W. Glaser, dem Musikwissenschafter in Västerås, Schweden. Mimi Scheiblauer korrespondierte mit Norwegen und Finnland. In Dänemark war sie Vortragsgast bei der Eutonistin Gerda Alexander, in Luxembourg und England gab sie Kurse. In Belgien hatte sie gute Beziehungen zu Dr. René Dellaert, in dessen Institut in Antwerpen eine von ihr ausgebildete Rhythmiklehrerin arbeitete. Auch zum Institut Antonio Aurelio da Costa Ferreira

unter V. Fontes in Portugal, wie in besonderem Maße zu Israel, bestand eine rege und sehr persönliche Beziehung.
Anfragen mußte sie aus Holland abschlägig beantworten, da sie in eine Zeit fielen, in der Mimi Scheiblauer bereits in Österreich und in Deutschland so sehr beansprucht war, daß sie keine weiteren Auslandverpflichtungen eingehen konnte.
Viele, die sich mit der Nacherziehung der Kriegsjugend befaßten, kamen nach Zürich. Sie hospitierten nicht nur in allen Stunden der Schule, sie begleiteten Mimi Scheiblauer auch in Anstalten und Kurse. Oft beanspruchten sie sogar Freizeit oder Ferien ihrer Lehrerin durch Fragen, um möglichst rasch die Sicherheit zu erlangen, die es ihnen erlaubte, die Prinzipien der musikalisch-rhythmischen Erziehung in ihrem Wirkungskreis einzuführen.
1961 nahm Mimi Scheiblauer an der Konferenz der BICE (Bureau International Catholique de l'Enfance) in Rom teil und hielt gleichzeitig mit Demonstrationen verbundene Vorträge an der Deutschen und der Schweizer Schule. 1962 folgte ein erster Kurs im Kloster bei den Suore di nostra Signora am Monte Mario für Nonnen- und Laienerzieherinnen. Eine Übersetzerin wurde ihr beigegeben, weil in der Fremdsprache stets ein Quentchen Spontaneität verloren gehe. 1965 stand ihr an der römischen «Tagung für das vorschulpflichtige Kind» ein ganzer Tag für ihre Demonstrationen zur Verfügung. – Den Anstoß zu dieser erfreulichen Entwicklung in Italien hatte wohl das «Centro educazione italo-svizzero» gegeben, das sich bemühte, die Lebensumstände der italienischen Kinder allgemein zu verbessern. Doch zerschlug sich die Weiterführung des so verheißungsvoll Begonnenen an personellen Schwierigkeiten.
1966 wollte die Asociación de Musicoterapia (A.S.A.M.) in Buenos Aires Mimi Scheiblauer zum Ehrenmitglied ernennen. Sie lehnte ab mit der Begründung, sich nicht als Musiktherapeutin, sondern als Erzieherin durch Musik *und* Bewegung zu fühlen. Letztere erscheine ihr in gewissen Fällen im Verhältnis zur Musik wichtiger: *Je viens de travailler avec des enfants très imbécils, chez lesquels la musique n'avait aucune réussite. Voilà des observations, qui posent bien de problèmes.* Als Antwort darauf kam zwei Monate später die Einladung von Prof. Ernesto Eppstein, im Collegium Musicum mit der A.S.A.M. zusammen einen Kurs zu erteilen. Man würde gleich noch

einen Kurs in Chile organisieren, wo sie ausgezeichnete Bedingungen für ihre Arbeit vorfinden würden.
Doch der Arzt der bereits Fünfundsiebzigjährigen erachtete das gesundheitliche Risiko als zu hoch, weshalb das Projekt scheiterte.
Es genügt nicht, den Menschen in eine Gemeinschaft hineinzustellen in der Erwartung, dieselbe entwickle in ihm die Beziehung zu den anderen Menschen, schreibt Mimi in «Grundlagen zwischenmenschlicher Beziehungen» (1960). *Gewisse Vorbedingungen müssen erfüllt oder zum mindesten in der Anlage vorhanden sein, denn nur durch sie stellt sich die Beziehung von Mensch zu Mensch her, die wiederum eine Vorbedingung für die richtige Eingliederung in die Gemeinschaft ist.*
Konzentriertes Hinschauen, – vertieftes Hineinschauenkönnen trägt wesentlich zur guten Kontaktnahme bei. Sich Ein- und Hineinfühlenkönnen in eigene und fremde Situationen läßt den Menschen gerecht werden anderen gegenüber. Darum ist es ungemein wichtig, daß sich jeder Erzieher prüfe, ob er der ihm anvertrauten Jugend ein gutes Beispiel sei. Ein gutes Beispiel sein – das bedingt, daß er sich immer und immer wieder selber erziehe. Die Erziehung der Erzieher war von jeher wichtig, ist aber wohl kaum je von größerer Bedeutung gewesen als heutzutage, denn unsere Jugend leidet an Konzentrationsmangel. Wo keine Konzentration, ist auch keine innere Disziplin, und wo diese fehlt, herrscht Verantwortungslosigkeit, Rücksichtslosigkeit.
Um sich selber zu erziehen, bedarf es vor allem der Ruhe, der Beschaulichkeit, der Stille des Versunkenseins. Für die Erziehung anderer Menschen muß jeder den für ihn richtigen Weg selber finden. Es gibt aber gewisse Richtlinien, um Kinder, die wir zur Gemeinschaft erziehen müssen, zur Konzentration zu bringen.
Wenn wir als Erzieher vor eine Gruppe hintreten, dürfen wir nicht gehetzt, nicht innerlich unruhig sein. Wir müssen unsere persönlichen Angelegenheiten, unsere Wünsche, unseren Ehrgeiz vor der Tür abstellen, denn die Unruhe des Erziehers steigert die Unruhe der Jugend. Zu lautes Sprechen verhindert ein aufmerksames Zuhören. Die Pause zwischen den einzelnen Sätzen ist wichtiger als ein Sichwiederholen, denn die Pause gibt dem Zuhörer die Möglichkeit, sich das Gehörte innerlich zu wiederholen.

Voraussetzung für die Konzentration des Erziehers, die sich in ruhiger Haltung, in klarer Sprache, im Blick und auch in der Gebärde äußern kann, ist auch die Beherrschung des Atems. Jeder Erzieher sollte eine Atem-Schule besuchen. Die richtige Atmung wirkt sich auf die Bewegung, auf die einzelne Gebärde aus. Sie befreit sie von allen Mätzchen, von allem Überflüssigen, sie gibt ihr die Natürlichkeit und Selbstverständlichkeit.

Heute braucht unsere Jugend ganz besonders viel Ruhe, damit sich ihr Gemüts- und Seelenleben richtig entfalten und mit dem Intellekt Schritt halten kann. Radio und Fernsehen bergen große Gefahren in sich. Wenn Kinder nur noch Aufgaben machen können, wenn das Radio tönt, wenn man kleine Kinder vor den Fernsehapparat setzt, damit sie schweigen, statt sie spielen zu lassen, so sind dadurch die Grundlagen der Konzentrationsunfähigkeit geschaffen. Natürlich kann der Lehrer nicht in das Privatleben seiner Schüler eingreifen, aber er kann durch Elternabende, durch Besprechungen auf solche Gefahren hinweisen. Er kann aber auch noch etwas viel Wesentlicheres tun: Er kann das Schulzimmer zu einem Ort der Ruhe für ein ersprießliches Lehren und Lernen werden lassen. Dies läßt sich in einer kleinen Gemeinschaft viel rascher herstellen als in einer größeren Gruppe. Eine kleine Klasse von zwanzig Kindern kann ein bis zwei Schwererziehbare ertragen, kann sie sogar erziehen und zur Eingliederung bringen, während in einer größeren Klasse von dreißig bis vierzig oder mehr Kindern die zwei schwierigen alle labilen Elemente aktivieren und dadurch das gute Zusammenarbeiten weitgehend unmöglich machen.

3
Mimi Scheiblauers Wirken in Österreich

«Publikationen aus Prof. Mimi Scheiblauers Schule, die 1951 zufällig in die Hände einer Beamtin der obersten Österreichischen Schulverwaltung gerieten, ließen darauf schließen, daß Frau Prof. Scheiblauers Methode geeignet sein könnte, einen Beitrag zur Bewältigung jener Erziehungsschwierigkeiten zu leisten, die Kriegs- und Nachkriegszeit mit sich brachten. Die ‹Ausländerin› wurde vom Österreichischen Bundesministerium für Unterricht amtlich eingeladen, bei einer Fortbildungswoche für Kindergärtnerinnen mitzuwirken. Sie sollte zeigen, wie wir konzentrationsgestörten Kindern helfen können, welche Wege es gibt, die Kinder zur Ordnung zu führen – zur Ordnung in den Dingen und in sich selbst – und was dazu beitragen kann, den Egoismus zu überwinden, von Mensch zu Mensch Brücken zu bauen.
In den folgenden Jahren wurde Prof. Mimi Scheiblauer immer wieder in zahlreiche Städte zu Fortbildungswochen für Kindergärtnerinnen eingeladen. Noch mehr! Amtliche und private Stellen halfen gemeinsam, Schülerinnen Mimi Scheiblauers für die Leitung von Jahreskursen zu gewinnen und einzusetzen.
Prof. Mimi Scheiblauer lieferte den Beweis dafür, daß Kleinkinder, Schulkinder, Jugendliche beiderlei Geschlechts sowie Erwachsene, Schwachbefähigte, Schwererziehbare, Taubstumme durch die musikalisch-rhythmische Erziehung nicht nur den Weg zu sich selbst, sondern auch zur Gemeinschaft finden können.
Positives an sich und den Kindern sehen und bejahen, einfühlen aufgrund eigenen Erlebens, offen sein für die Offenheit des andern, aufgeschlossen sein für die Not des anvertrauten Menschen, nicht nur geben, sondern auch nehmen, Dienen und Herrschen, Entfalten und Beschränken, Lösen und Hemmen, Außen und Innen im gleichen Maß beachten, Verantwortung übernehmen, ohne sich von ihr erdrücken zu lassen – andere zu verstehen, zu trösten, zu lieben, ohne den Anspruch zu erheben, selbst verstanden, getröstet, geliebt zu werden –, das ist die Grundhaltung, die Prof. Mimi Scheiblauer durch ihre Art, mit Kindern zu arbeiten, in den Kursteilnehmern zu wecken vermochte.

Für Österreichs Kindergärtnerinnen sowie für viele Lehrer und Erzieher ist Prof. Mimi Scheiblauer längst keine ‹Ausländerin› mehr. Ihre Arbeit ist aus Österreichs Kindergärten nicht mehr wegzudenken.»

So der freundliche Kommentar in Dr. Agnes Niegels Publikation «Unsere Kinder» (1961).

Schon 1958 stand im Lehrplan der Bildungsanstalten für Kindergärtnerinnen und Hortnerinnen mit dreijähriger Bildungsdauer: «Die rhythmische Erziehung ist ein Teilgebiet des Unterrichts in Leibesübungen. Erscheint es aus örtlichen Gegebenheiten notwendig, diesen Unterricht einer speziell ausgebildeten Lehrerin zu übertragen, darf hierfür mit Genehmigung des zuständigen Landesschulrates durch zwei Ausbildungsjahre hindurch je eine Woche verwendet werden.» Seit 1960 war in Österreich musikalisch-rhythmische Erziehung in den Kindergarten-Seminarien obligatorisch. Gemeinsam mit der Rhythmik hatte auch das Schnitzen und Spielen von Bambusflöten einen wahren Siegeszug durch Österreich angetreten.

Sehr schöne Erfolge durch die konsequente Durchführung der Übungen zeigen sich im Sonderkindergarten der Schweizerspende in Wien. Die dort wirkende Psychiaterin schreibt darüber: «In besonderer Weise harmonisierend wirkt die Rhythmik. Sie erfaßt die ganze Persönlichkeit bis in ihre physiologischen Rhythmen und unbewußten Tiefenschichten; dabei fördert sie gleichzeitig das Spezialtraining ...»*. (Lobpreisung 145, März 1956)

Ebenso positiv äußert sich Prof. Dr. med. H. Asperger, Wien 1959: «... größte therapeutische Möglichkeiten für den Schwachsinnigen liegen besonders in jener Aktivität, die durch Rhythmus und Melodie nicht nur unterstützt, sondern getragen wird. Auf diesem Gebiet hat Frau Prof. Mimi Scheiblauer auch in Österreich erfreulich Schule gemacht, Großes und Richtungweisendes geleistet. Die Wirkung solcher Hilfe geht weit über das Lösen muskulärer Verkrampfungen, die Höherentwicklung der Motorik hinaus – geht bis in die höhere Integration der Persönlichkeit hinein.»

Mimi Scheiblauer arbeitete gern in Wien. Von ihrem verehrten Vater her war ihr das Wiener Naturell vertraut. Auch erwachten alte Erinnerungen an frühe Besuche bei Großmutter Scheiblauer. Wer Mimi Scheiblauer nur von ihrer anspruchsvollen Erziehungsarbeit in

Zürich her kannte, wäre erstaunt gewesen, wenn er sie hier erlebt hätte: charmant, lebenslustig, vergnügt, als hätte mit einem Mal ihr österreichisches Erbe über die herbere Schweizer Art die Oberhand gewonnen.

Dozentin in Salzburg

Im März 1958 erhielt Mimi Scheiblauer einen Brief vom Institut für vergleichende Erziehungswissenschaft in Salzburg, das sie einlud, sich als Professorin an einem Erzieherlehrgang zu beteiligen. Der Institutsleiter, Dr. Leopold Prohaska, schlug ihr das Fach der theoretischen und praktischen Einführung in die rhythmisch-musikalische Erziehung vor.

Ich habe eine Berufung nach Salzburg. In Verbindung mit der Universität soll auf ganz neuer Basis ein Erzieherlehrgang eröffnet werden, dessen praktische Seite mir anvertraut würde. Es ist für mich eine große Ehre, aber natürlich auch eine große Belastung. Erzieherisch gesehen eine hocherfreuliche Sache! (Brief an die Autorin)

1959 wurde der Lehrgang unter der Leitung von Professor Prohaska und Professor Mimi Scheiblauer erstmals durchgeführt. Zu ihrer großen Freude waren auch Dalcroze- und UNESCO-Musiker dabei. Leider standen Prohaska und seinem fortschrittlichen Plan viele Schwierigkeiten entgegen. In der Folge erwies es sich, daß der Erzieherlehrgang aus verschiedenen Gründen an der Universität nicht am richtigen Platz war. Er wurde deshalb von der Lehrerbildungsanstalt übernommen und später durch das Sozialamt nach Baden/Wien verlegt. Mimi Scheiblauer distanzierte sich sodann von dem Projekt.

Salzburger Symposien

«Den zähen Bemühungen von Universitäts-Dozent Prof. Dr. L. Prohaska ist es zu danken, daß die Referenten der Salzburger Werktagungen mit anderen Experten in einem kleinen Kreis von höchstens 20 bis 30 Teilnehmern seit nunmehr zwei Jahren vor Beginn einer jeden Werktagung als Gäste des Österreichischen Bundesministeriums für Unterricht zu einem viertägigen Symposium zusammengeführt werden. Es sind durchaus keine gesinnungsverwandten Menschen, die hier zusammentreffen. Im Gegenteil wird Sorge getragen, daß extreme Standpunkte vertreten sind, daß die Träger dieser Standpunkte aber im offenen Gespräch Rede und Antwort stehen müssen.»*

Seit 1960 gehört Prof. Mimi Scheiblauer zu dem Kreis illustrer Dozenten, die «um unser Zusammenleben besorgt waren und sich engagierten für mitmenschliche Hilfe an Kinder und Jugendliche».* Jeder brachte einen besonderen Aspekt zu den über den Tagungen stehenden Themen ein, die lauteten: «Die zwischenmenschliche Erziehung und ihre Formen», «Polarität und Steigerung im personellen Reifungsprozeß», «Kinder und Jugendliche in der Gemeinschaft» usw.

Mimi Scheiblauer hatte sich bereit erklärt, allmorgendlich in ihre Methode der Entspannung und Konzentration im Sinne der musikalisch-rhythmischen Erziehung einzuführen. Durch diese körperliche Lockerung wurde es dann möglich, sich auf den Weg der Verinnerlichung zu begeben. «Die durch rhythmische und kontemplative Übungen erzeugte Haltung unterstützt den geistigen Prozeß der Vormittagsarbeit.»* Die Einstimmung wirkte sich positiv auf die Aufnahme der kurzen, konzentrierten Vorträge und die anschließende Diskussion aus.

Die Symposien erforderten viele Vor- und Nachbesprechungen, aus welchen eine geistige Gemeinschaft über Landes- und Konfessionsgrenzen hinweg entstand, welche für Mimi Scheiblauer mit zum beglückenden Gewinn im Salzburger Kreis gehörte: Für sie bedeuteten die Tage Anregung und schöpferische Pause in einem.

An das Symposion schloß sich ein seit längerem bestehender erziehungswissenschaftlicher Kongreß, vormittags Vorträge, nachmittags Werktagung, stets mit Rhythmik in kleinen Gruppen.

Prof. Franz Haider hat im November 1966 in «Erziehung und Unterricht» (Wien) einen Aufsatz über «Maria Scheiblauers rhythmische Erziehung» veröffentlicht. Wir erlauben uns, in diesem Zusammenhang einen kleinen Ausschnitt daraus zu zitieren: «Ihre bescheidene Art läßt sie die hierfür erforderliche Einsicht in aller Stille, im kritischen Rückblick auf das Bisherige und in der besonnenen Vorschau auf eventuelle heikle Situationen und mögliche Anforderungen gewinnen. Sie übt die zum Schweigen führende Ruhe, um sich geräuschlos in den anderen hineinversetzen zu können. Durch Konzentration und Abspannung zur richtigen Zeit kann diese Besinnung zum Loslassen von unechten Gedanken und zum Abstandnehmen gegenüber Mißlungenem oder eitel Geglücktem führen. Durch diese Distanz erst kann die rhythmische Erziehung den Weg zur subtilen Bewegung beschreiten ...»

Scheiblauer-Rhythmik in Deutschland

In Deutschland hatte sich die erste Zusammenarbeit nach Kriegsende mit Minna Specht, der Leiterin der Odenwaldschule, Heppenheim, ergeben. Diese hatte «... bisher noch keine Rhythmik erlebt, die eine so glückliche, schnelle, tiefgehende Wirkung auf Kinder und Erwachsene ausgeübt hat. Gerade in den kriegsgeschädigten Ländern Europas ist diese musikalische Rhythmik von großer heilpädagogischer Bedeutung, und sie ist es um so mehr, als die Mittel, die zu ihrer Durchführung erforderlich sind, auch unter den Bedingungen verarmter Länder beschafft werden können.

Alle, die diesen Kurs in der Odenwaldschule erlebt haben, würden wünschen, daß Prof. Mimi Scheiblauer und ihre Mitarbeiter ihre sympathische Arbeit an vielen Orten außerhalb der Schweiz leisten, da hier körperliche Schulung mit seelischer Beruhigung und Heilung in einzigartiger Weise in Einklang stehen.»*

1957 war Mimi Scheiblauer zum ersten Mal in Bremen. In der Schwerhörigen- und Sprachheilschule, in der Schule am Brommyplatz, in der Taubstummenschule mit zusätzlich geschädigten gehörlosen Kindern gab sie Lehrproben. Dann leitete sie regelmäßig Demonstrationen mit Diskussionen, Kurse für Kindergärtnerinnen, Jugendleiterinnen und Lehrer für Normal- oder Hilfsschulen. Erst dauerten die Kurse eine Woche, später deren zwei (eine Woche Grundkurs und eine Woche Aufbau oder eine Woche Arbeit mit Gesunden und eine Woche mit Behinderten).

Nach dem rhythmisch-pädagogischen Eröffnungsvortrag folgten Lektionen, Demonstrationen und Gruppenseminare. Auch hier bestand Prof. Mimi Scheiblauer darauf: *Immer auf dem Einfachen aufbauen!*

Natürlich verliefen nicht alle Kurse gleich harmonisch. Bei Auseinandersetzungen konnte es vorkommen, daß die siebzigjährige Dozentin sehr energisch ihren Standpunkt vertreten mußte, stets überlegen dank ihrer unvergleichlichen Gabe, positive Werte zu vermitteln.

Auch hier waren die Aggressionen und die politischen Spannungen der sechziger Jahre spürbar, und wie in Österreich mußte man weg von der Hochschule. Kindergartenseminare, Jugendleiterinnenseminare, Exerzitienheime schienen geeigneter für die Jugendarbeit.

1954, anläßlich einer beruflichen Informationsreise durch Österreich, hatte die Bremer Taubstummenlehrerin Elisabeth Meyer die Scheiblauer-Rhythmik kennen gelernt. Unverzüglich ging sie daran, mit ihren eigenen Schülern in dieser Richtung zu arbeiten. Darauf nahm sie so bald als möglich persönlichen Kontakt auf und war begeistert. «Nachdem ich schon in Österreich neugierig geworden war, als ich dauernd über den Namen Scheiblauer stolperte, wurde ich nun eine wahrhaft Ergriffene und befleißigte mich, aus dem gebotenen Extrakt Aufgüsse zu bereiten für meinen Unterricht», erinnert sie sich allzu bescheiden an jene Zeit, da sie unter beträchtlichen Opfern in einigen Etappen das ganze Studium in Zürich nachholte. Sie wurde zur eigentlichen Sachwalterin der Scheiblauer-Rhythmik in Deutschland. Niemals hätte Mimi Scheiblauer dort so viel leisten können ohne den intensiven Einsatz von Elisabeth Meyer. Sie lehnte sogar die Übernahme einer Kaderposition ab, weil ihr die rhythmische Arbeit an der Basis wichtiger schien. Die Organisation von Kursen, Verhandlungen mit Behörden, im wahren Sinn die Beschaffung des Hilfsmaterials, kurz, das ganze Drum und Dran nahm sie auf ihre Schultern, damit Mimi Scheiblauer ihre ganze Kraft einsetzen konnte für die Vermittlung der «rhythmischen Pädagogik», wie man die Scheiblauer-Rhythmik in Deutschland nannte. Mimi Scheiblauer fühlte sich bald recht zuhause in Bremen und unterrichtete dort bis zu ihrem Tode.

Von Bremen aus breitete sich das Interesse für ihre Arbeit über ganz Deutschland aus. Karl Drebert, Wiesbaden, schrieb ihr 1963 im Auftrag vieler Lehrerinnen und Lehrer: «Wenn heute die musische Erziehung in den Schulen um ein gutes Stück vorwärts getrieben werden konnte, so haben Ihre Anregungen in hervorragendem Maße dazu beigetragen.»

Mit dem regelmäßigen Unterricht als Dozentin am Jugendleiterinnen-Seminar in Freiburg i. Br. kam seit 1963 ein neues Wirkungsfeld hinzu. (Jugendleiterinnen sind Kindergärtnerinnen, die, von der Praxis kommend, noch zwei Jahre soziales Zusatzstudium mit Abschlußprüfung absolvieren.)

Deutsche Studiengruppen fuhren nach Zürich. In einer Dankesadresse schreibt einer der Leiter, daß Mimi Scheiblauer den Menschen in seinen tiefsten Lebensschichten anspreche und sich nicht mit dem äußeren Bewegungsablauf begnüge. «Damit entwickeln Sie die Rhythmik zu einem umfassenden Erziehungs- und Bildungsmittel, das gerade für behinderte Menschen von so besonderer Bedeutung ist.»

1965 wurde in Freiburg i. Br. im Rahmen der Caritas ein Heilpädagogisches Seminar eröffnet. Die 74jährige Mimi wurde durch Berufung zur Mitarbeit verpflichtet. Daß sie ihre neue Arbeit mit einem dreistündigen Vortrag begann, zeigt, wieviel sie an Bereitschaft und Konzentrationsfähigkeit voraussetzte. Diese Anforderungen zu stellen war nur möglich, weil alle Studenten schon praktische Erfahrung mitbrachten.

Aus ihrer Agenda erfahren wir von ihrem Programm:

1959 Kurs in *Freiburg i. Br.*, veranstaltet durch Dr. Heinrich Rombach, Williams-Institut.

1960 *Essen-Werden* (Volkwangschule); *Bochum; Münster Wf.; München* (Pestalozzi-Fröbelverein).

1961 *Freiburg i. Br.;* Kloster und Exerzitienheim *Neusatzeck* in der Diözese Freiburg i. Br. (vorerst mit Kindergartenschwestern, später zunehmend auch mit Laien).

1962 Zum ersten Mal in *Bruckberg* und *Neuenstettelsau; Fulda* in der Caritaszentrale ein Kongreß für Kindergärtnerinnen mit Vorträgen von Univ. Prof. W. Heinen aus Münster Wf. und Vorträgen, Filmvorführungen und Lehrproben von Prof. Mimi Scheiblauer unter dem Titel «Bewegung – Ausdruck – Spiel».

1963 Wieder *Fulda,* «Gesundheitserziehung im Kindergarten», diesmal mit Prof. Dr. Georg Siegmund; *Königstein:* dort machte sie in der Klinik die Bekanntschaft der von ihr hochgeschätzten Psychiaterin Dr. König, mit der sie über längere Zeit die gemeinsame Pflege eines mehrfach geschädigten Kindes verband. *Jugendhof Rheinland,* sogar mit einer Sendung am Bremer Fernsehen; *Königswinter:* Arbeitstagung der Lehrkräfte der rheinischen Landesgehörlosenschulen, der Blindenanstalt und des rheinischen Landeskurheims für Sprachgeschädigte; *Hamburg; Wiesbaden.*

1964 *Karlsruhe; Jugendhof Rheinland; Taunus; Kassel; Nürnberg; Schwarzwald; Göppingen*/Stuttgart (Fröbelseminar der inneren

Mission); *Kloster Leitershofen* bei Augsburg (der moderne, von Corbusier inspirierte Bau).

1965 *Lemgo* (Heil- und Pflegeanstalt Eben-Etzer); *Speyer* (Rheinpfalz), Kindergarten; *Augsburg* und Umgebung, Kindergarten; *Mannheim,* Diözese Nordbaden, Kindergarten; *Bedburg-Hau,* Landeskrankenhaus; *Süchtelen; Düsseldorf; Langenfeld; Bonn; Düren.*

1966 *Nürnberg,* Taubstummenschule; *Köln,* Sportschule Hennef; *Leitershofen; Erlangen:* In Erlangen fand sie so viel Interesse, daß sie bedauerte, hier keine so großartige Bezugsperson zu haben wie in Bremen.

1967 *Passau; Hospital Liliental.* Kurz darauf zwang sie eine gesundheitliche Störung, sich um ihre Nachfolge in Deutschland zu kümmern.

1968 Sie lehrte noch einmal in *Wiesbaden, Augsburg-Leitershofen* und *Neusatzeck,* und fand besonders die Erlebnisse am letzten Ort *so schön, wie noch nie.* Der Kurs in Augsburg-Leitershofen wurde auf Band festgehalten.

An vielen Orten hatte Mimi Scheiblauer lediglich Lehrproben gegeben. Bald hatte sich aber die zusätzliche Durchführung eigentlicher Lehrgänge aufgedrängt, die den Erzieher oder das Pflegepersonal befähigen sollten, auf ihren musikalisch-rhythmischen Prinzipien aufzubauen. Sie ermahnte die Kursteilnehmer, vor Beginn der eigentlichen Arbeit erst einmal eine Atmosphäre der Bereitschaft zu schaffen, bei Ausbleiben einer Reaktion während des Unterrichts nicht starr am Erfolgsdenken festzuhalten, sondern zu wiederholen, immer einfacher zu werden, immer neu zu beleuchten, bis man die Verständnismöglichkeit des Zöglings gefunden habe. *Es gibt keine bildungsunfähigen Schüler, nur unfähige Erzieher,* sagte sie.

In diesem Geiste gründete Elisabeth Meyer mit Kindergärtnerinnen und Lehrern Arbeitskreise, die sich über den Tod von Mimi Scheiblauer hinaus regelmäßig zu intensiver Zusammenarbeit und gegenseitiger Anregung trafen. Erfolgreich war unter anderem der Versuch, die Gehörlosen ausschließlich mit Rhythmikunterricht auf die Schule vorzubereiten.

Im Laufe der Jahre hat Mimi Scheiblauer Hunderte von deutschen Lehrkräften ausgebildet.

Fünfter Teil

Die Filme über die musikalisch-rhythmische Arbeit

Als Mimi Scheiblauer Mitte der fünfziger Jahre das Pensionierungsalter erreicht hatte, wäre es verständlich gewesen, wenn sie sich nun von ihrer kräfteverzehrenden Arbeit zurückgezogen hätte, um einmal sich selbst und ihren persönlichen Interessen zu leben, zum Vergnügen zu reisen, statt als terminüberlasteter «commis voyageur in Sachen Rhythmik» von Kurs zu Kurs zu hetzen. Doch einmal mehr sorgte die Mittsechzigerin für eine Überraschung: Anstatt nun an die Verwirklichung eigener Wünsche zu denken, fand sie ein adäquates Mittel, die Ergebnisse ihres lebenslangen Suchens und Forschens auch über die Sprachgrenzen hinaus unmittelbar an möglichst viele Menschen heranzutragen: den Film. Ein Film schien ihr am besten geeignet, «die pädagogischen Vorgänge zu veranschaulichen, sie akustisch und visuell miterleben zu lassen». Geplant war eine Trilogie: 1. Rhythmik mit Gesunden, 2. Heilpädagogische Rhythmik und 3. Rhythmik mit Erwachsenen.

Die neu gegründete Gesellschaft «Pro Rhythmik-Film» setzte sich zum Ziel, die finanziellen Mittel zu beschaffen, das Pestalozzianum in Zürich übernahm das Patronat und stellte die Räumlichkeiten zur Verfügung für die fünfmonatigen Dreharbeiten der «Teleproduktion» mit Mimi Scheiblauer und ihren Schülern. Die Stiftung «Pro Helvetia» übernahm die Kosten für eine englische Fassung. Bald standen schweizerdeutsche, deutsche und englische Fassungen in 35 mm- und 16 mm-Format zur Verfügung, die gute Verbreitungsmöglichkeiten boten. Der Film wurde in die ganze Welt verkauft und ausgeliehen.

«Rhythmik (Kamera: Ernst Artaria) zeigt in ausgezeichnetem methodischen Aufbau die Erziehung des Kindes vom Säuglingsalter bis zum Erwachsenen durch Musik und Rhythmus», berichtete die Zeitung «Die Tat», Zürich, am 18. März 1957.

Entsprechend diesem didaktischen Konzept gliederte sich der Stoff in drei Hauptteile:

Im ersten Teil hat jede Übung Musterwert und illustriert jeweils eine Funktion, einen Vorgang, welcher durch die Bildsprache des Films einen inneren Prozeß, einen Entwicklungsvorgang sinnfällig zu machen vermag.

Im zweiten Teil steht das Methodische im Vordergrund, das Zusammenwirken der eben ausgewiesenen erzieherischen Funktion der

Rhythmik. Anhand einer Lektion wird der Aufbau einer Stunde demonstriert.
Im dritten Teil zeigen rhythmisch geschulte Jugendliche Bewegungsstudien. Das Schöpferische entfaltet sich in der Improvisation, welche die Musik unterstützt und in strukturierte Formen überleitet. «Der Film vermeidet jede gestellte Szene, vermittelt einen unmittelbaren, lebendigen und überzeugenden Eindruck dessen, was er als These aufstellt», kommentierte die Filmbewertungsstelle Wiesbaden.
Bereits am 14. Juni 1956 konnte Prof. Hanselmann eine große Zahl von Interessenten zur Premiere im Kino Urban in Zürich begrüßen. Der Film hatte schon vor der öffentlichen Aufführung in der Presse großes Interesse hervorgerufen.
Da Wesen, Methodik und Ziele der rhythmischen Erziehung und Mimi Scheiblauers vierzigjährige Berufserfahrung darin festgehalten waren, schätzte man ihn zunächst als Anschauungsmaterial für Tagungen, Vorträge, Elternabende, Kurse usw. Mimi Scheiblauer selbst verwendete den Film in eigenen Kursen im In- und Ausland. Er wurde mehrfach international ausgezeichnet, unter anderem an der Biennale von Venedig, und von pädagogischer und wissenschaftlicher Seite begutachtet und empfohlen. Die Stadt Luzern präsentierte ihn im Rahmen der Internationalen Musikfestwochen, und viele Universitäten forderten ihn zu Studienzwecken an. Mimi Scheiblauer wurde mit Dankesbriefen überhäuft.
Nach dem Erfolg dieses ersten Films wurde unverzüglich der zweite Teil der Trilogie in Angriff genommen. Doch die Verwirklichung war mit vielen Schwierigkeiten verbunden und nahm insgesamt acht Jahre in Anspruch (1958 bis 1966). In dieser Zeit wurde auch ein Krippenspielfilm gedreht.
Während der Vorbereitungsarbeiten zum heilpädagogischen Film besuchte Mimi Scheiblauer mit den verantwortlichen Filmern Dr. Reni Mertens und Walter Marti viele Versorgungsheime. Sie waren beeindruckt von dem vielen menschlichen Elend, welches auch selbstloser Einsatz und behutsame Pflege seitens der Betreuer nur teilweise zu lindern vermochten. Aufgrund ihrer reichen Erfahrung in der Arbeit mit Behinderten konnte es Mimi Scheiblauer wagen, auch zu diesen Schwerstgeschädigten einen neuen Weg zu suchen.

Die einen lagen da, in ihr Schicksal ergeben, ohne das geringste Anzeichen, sich aufrichten und an diesem Leben teilnehmen zu wollen. Mimi Scheiblauer rang darum, diese Apathie zu durchbrechen. Fast immer kam irgendwann der Moment, in dem der Patient Interesse zeigte und versuchte, etwa nach dem Triangel zu greifen. Andere bekundeten durch dauerndes Hin- und Herbewegen des Kopfes oder durch Schreien, daß sie nicht gewillt waren, dieses Dasein anzunehmen. Mimi Scheiblauer hielt ihnen mit mütterlichen Händen den Kopf oder lenkte sie durch Vermittlung eines neuen Eindrucks ab und vermochte sie damit für Augenblicke von ihren Zwängen zu erlösen.

So verschieden sie waren, auf irgendeine Art reagierten die meisten. Nach vielen Versuchen wurden in Schweizer Heimen und in Bruckberg bei Nürnberg die Aufnahmen zu einer eindrücklichen Darstellung der Arbeit mit Schwerbehinderten gemacht. Das definitive Drehbuch mit dem Schicksal der Taubblinden Ursula als zentralem Geschehen entstand aber erst 1965. Sein endgültiger Titel hieß «Ursula oder das unwerte Leben». Kameraleute waren diesmal H. P. Roth und Rolf Lyssi.

Ursula war ein wild schreiendes Kind, ein hoffnungsloser Fall gewesen, den die zukünftige Pflegemutter, Lehrerin für taubblinde Kinder, aus einem Heim in ihre Familie geholt hatte. Nach wochenlanger geduldiger Arbeit stand das bereits achtjährige Kind auf eigenen Beinchen. Eine Schülerin berichtete: «Mimi Scheiblauer nahm Ursula fest in die Arme, schaukelte sie, summte eine Melodie, versuchte, sie zu beruhigen. In späteren Stunden gab sie ihr die Hand auf einer Seite, Frau U. auf der anderen. So marschierten sie singend mit ihr herum, versuchten auch einmal zu springen, zu drehen und anderes mehr, um ihr die Angst vor dem Raum zu nehmen.»

Trotz irreparabler Frühschäden wurde das Kind in jahrelanger intensiver Zusammenarbeit von Pflegemutter, Großeltern und Rhythmiklehrerin und in nimmermüder Kleinarbeit zum glücklichen Hausgenossen erzogen. Ursulas Fortschritte wurden in Zürich, im Appenzeller Ferienhaus und im Urlaub am Meer festgehalten. – Der von Helene Weigel gesprochene Text beschränkte sich auf das Wesentliche.

Die Tonuntermalung wurde nach Mimi Scheiblauers Ideen gestaltet

Sorgfältig ausgewählte Musiker begleiteten nach ihrem Konzept mit subtilen Improvisationen das filmische Geschehen.
«Weil der Mensch sich entwickelt, kann man ihn erziehen. Weil die Entwicklung ein Veränderungsprozeß ist, kann man sie beeinflussen. Da sich der Mensch sein Leben lang verändert, ist seine Veränderung immer beeinflußbar.» Diese Worte stehen als Leitmotiv am Anfang des Films, der das Verständnis des Zuschauers wecken und seinen Helferwillen anfachen soll. Er tat es auch. Das Echo war weltweit und nachhaltig.

Anmerkungen

Zu Seite:

10 Anni Stiefel: «Aus Leben und Arbeit von Mimi Scheiblauer», 1969

11 Gertrud Hochuli im Gespräch

12 Lobpreisungen 90, Okt. 1950

14 Ebenda

19 Anni Stiefel, a.aO.

22 Mimi Scheiblauer im Kurs Leitershofen 1968

32 Die Flöte muß nicht die ganze Tonleiter umfassen. Sie kann sich auf den Kuckucksruf oder ein paar Schalmeitöne beschränken. Andererseits gibt es Berufsmusikergruppen, welche mit diesem Instrument ein außerordentlich kultiviertes Zusammenspiel pflegen.

33 «Mimi Scheiblauers rhythmische Erziehung» in: Erziehung und Unterricht, Nov. Jahrg. 1966

44 Aus Briefen an die Freundin Sr. Karin

51 R. Mertens in: «Rhythmik und Pädagogik», 29. Jhrg. Nr. 2

52 Bericht einer Schülerin

59 Der Direktor des Zürcher Konservatoriums, Dr. Rudolf Wittelsbach, nach ihrem Tode

63 Aus der Abdankungsrede von Direktor Rudolf Wittelsbach

63/64 Unterstützt von V. Bänninger, U. Schmidt, M. Zogg sowie von Dr. Herzka, Dr. Corbeau und anderen Referenten. Zitate nach Programmheft

66 Aus: Friedrich Struwe, «Erziehung durch Rhythmus in Musik und Leben», Bärenreiter Verlag, Kassel

68 All dies wurde an Hunderten von Kleinkindern zwischen dem dritten und sechsten Altersjahr sowie an Behinderten höherer Altersstufen, aber niedrigerer Entwicklungsstufe sowie an entwicklungsgehemmten Schulkindern beobachtet.

98 Aus: Bewegungstherapie, Lobpreisung 5/1961

99 Aus: Pädagogische Ratschläge, Lobpreisung 1, Okt. 1968

101 Aus: Grundlagen der Musikerziehung, Lobpreisung 22

109 In: Schweizerische Lehrerinnenzeitung, 20. Okt. 1933

120 Aus: Erziehung durch Musik und Bewegung, Lobpr. 30, ca. 1944

124 Eugen Sutermeister war Generalsekretär des «Fürsorgevereins für Taubstumme» und hatte mit vier Jahren das Gehör verloren. Das Zitat entstammt einem Brief an Mimi Scheiblauer vom Mai 1926.

129 Elisabeth Meyer: «Rhythmik mit Gehörlosen», in: Musikalisch-rhythmische Erziehung, Herder-Bücherei 1974

134 Peter Schär: «Mimi Scheiblauer, ihre Tätigkeit an der Taubstummenschule Zürich», HPS 1970, S. 45–47

136 Margrit Zogg: «Rhythmik für sehbehinderte und blinde Kinder», in: Musikalisch-rhythmische Erziehung, Herder-Bücherei 1974

136 «Die Blinden werden sehen», Heft 4 der Schriftenreihe «Erziehung und Unterricht», Paul Haupt Verlag 1969

142 Nachruf für H. Hanselmann, Lobpr. 7, April 1960

176 Dr. Edeltraut Baar, Kinderpsychologin, Wien

179 Universitätsdozent Dr. Bornemann, Bochum. Bericht in «Bildung und Erziehung», 1958

181 Bericht von M. Specht vom 1. Juli 1948

Zeittafel

1891 Geburt in Luzern
1897 Umzug nach Basel
1904/5 Erste «rhythmische Gymnastik» nach Dalcroze bei Paul Boepple in Basel
1906 Umzug nach Zofingen
1907 Eintritt in die pianistische Berufsklasse von Hans Huber, Konservatorium Basel
1908/9 Erste Kurse bei Emile Jaques-Dalcroze in Genf
1908–1910 Erste eigene Unterrichtsstunden
1910/11 Mit Jaques-Dalcroze zur Ausbildung in Hellerau/Dresden
1911 (17. August) Abschlußprüfung in Hellerau
1912 Lehrerin für Klavier und Dalcroze-Rhythmik am Konservatorium Zürich
1913 Familie Scheiblauer zieht nach Zürich
1914 Jaques-Dalcroze wieder in Genf
1916 Jury-Mitglied in Genf
1922 Klavierschule von Gustav Kugler
Probelektion für erste Versuche mit Beobachtungsklassen
1924 Einzug der Rhythmikschule an der Freiestraße 56
Dozentin am neugegründeten Heilpädagogischen Seminar (HPS) in Zürich
1925 Tod des Vaters
Unterricht für Zöglinge des Landerziehungsheims Albisbrunn
1926 Seminar für musikalisch-rhythmische Erziehung
Beginn der Dirigententätigkeit beim Töchterchor Außersihl
Regelmäßige Arbeit an der Blinden- und Taubstummenanstalt und verschiedenen Behindertenheimen
1927 Großes Jugendfestspiel im Stadttheater Zürich (heute Opernhaus) bis 1947 weitere Festspiele
1929 Demonstration beim «Reichsverband deutscher Tonkünstler und Musiklehrer» und beim «Deutschen Rhythmikbund» in Berlin
1930–1944 Mitarbeit am Stadttheater Zürich (Opernhaus)
Erste Arbeit mit Geistesgestörten
1932 Erster Ferienkurs in Ägeri
1933 Schweizerische Bambusflöten-Gilde gegründet
Erster Internationaler Musikpädagogischer Kongreß in Prag
1937 Umzug nach Zollikon
1938 Zweiter Kongreß in der Schweiz
1942 Sämann-Verlag gegründet. Herausgabe «Lobpreisung der Musik» bis ans Lebensende

1943 Tod der Mutter
Krippenspiele mit Gehörlosen
Zehn Märchenspiele mit Gehörlosen (bis 1968)
Arbeitswochen für Musikerziehung
1946 Pläne für ein internationales Erzieherzentrum
1947 Dachwohnung Klosbachstraße 73, Zürich
1948 Erwerb des Hauses «Les Daillettes» in Chandolin
1951 Inszenierungen in Einsiedeln
Kurse in Österreich
1954 Jubiläumstagung am Dalcroze-Institut in Genf
Dritter Kongreß in Wien
1955 «Pro Rhythmikfilm» gegründet
1956 Film «Rhythmik» (Teleproduktion Zürich)
1958 Dozentin in Salzburg
Film «Ursula oder das unwerte Leben» (bis 1966)
1960 Salzburger Symposien
Funkreportage in der Schweiz über die Arbeit in Behindertenheimen
1962 Krippenspiel-Film mit Gehörlosen
1963 Jugendleiterinnenseminar in Freiburg i. Br.
1964 Verband musikalisch-rhythmischer Erzieher gegründet
1965 Rhythmik in das Reglement der Zürcher Sonderschulen aufgenommen
1966 Hans-Georg-Nägeli-Medaille
Doktor h. c. der Philosophischen Fakultät I der Universität Zürich
1968 (6. November) Tod im Waidspital, Zürich

Die «Lobpreisungen» von 1942 bis 1968

1942

1 «Musizieren Ihre Kinder?» H. M. Loele, Zürich
2 «Gibt es wirklich Unmusikalische?» M. Scheiblauer, Zürich
3 «Alle sollen singen!» J. G. Scheel, Domkapellmeister, St. Gallen
4 «Warum soll sich das Kind sein erstes Musikinstrument selber bauen?» T. Biedermann, Bern
5 «Rück-, Ein- und Ausblicke» M. Scheiblauer? Zürich
6 «Die Wahl des Instrumentes» Ch. Pfeffer, Rom
7 «Der Violinunterricht u. seine Bedeutung im Rahmen der Erziehung» Anna Ammann, St. Gallen
8 «Klavierunterricht von heute» Eduard Rüfenacht
9 «Warum alte Musik?» Dr. W. Nef, Basel
10 «Führen und folgen» Ch. Pfeffer, Rom
11 «Die Kunst und das Kind» L. Merminod, Lausanne
12 «Die Berücksichtigung der seelischen u. körperlichen Wirkungen des Singens beim Gesangsunterricht» Math. Baerlocher, St. Gallen
13 «Erzieherin Musik als Bildungsfaktor» P. Schaller, Musikdir., Basel
14 «Etwas über die Blockflöte im Musikunterricht» Ina Lohr, Basel
15 «Holz- u. Blech-Blasinstrumente» H. M. Loele, Zürich
16 «Die Notwendigkeit u. die Kunst des Zählens in der Musik» Willy Rössel, Davos
17 «Vorunterricht für den Theater- u. Konzertbesucher» H. Zimmermann, Zürich
18 «Unser Kind übt nicht gern» W. Bertschinger, Zürich

ca. 1943

19 «Bettina Brentano an Goethe» nicht gezeichnet
20 «Was ist Musikerziehung?» M. Scheiblauer, Zürich
21 «Das Grammophon im Gesangs- u. Musikunterricht» aus dem Nachlaß von Prof. G. Kugler, Schaffhausen
22 «Grundlagen der Musikerziehung» M. Scheiblauer, Zürich
«Erziehung durch Musik» Kursbericht v. W. S. Huber
23 «Atem» M. Äbly-Adolff
24 «Die Schlaginstrumente» Ch. Pfeffer, Rom
25 «Lasset uns singen, tanzen u. springen...» T. Biedermann, Bern
26 «Der Schulgesang u. seine Beziehung zur Familie» Hch. Leemann, Zürich
27 «Über die Blasinstrumente» Hans Rogner, Zürich
28 «Die Wahl des Musikinstrumentes» L. W.
29 «Die Aufgabe der Rhythmik in der Erziehung der Vorschulpflichtigen» T. Pfisterer, Basel

30 «Erziehung durch Musik und Bewegung» M. Scheiblauer, Zürich
31 «Die Wahl des Instrumentes» (als Resultat einer Umfrage im Zusammenhang mit Nr. 28) Prof. Emil Frey, Pianist – Karl Matthey, Organist – Emmy Hürlimann, Harfe – Paul Sacher, Kapellmeister
32 «Fortsetzung v. Nr. 31» Anna Ammann, Violine – Joseph Bopp, Flöte – M. Saillet, Oboe
33 «Spil u. Tanz im Dienscht vo der Musikerziehig» nach einem Radiovortrag v. Werner Wehrli
34 «2. Fortsetzung v. Nr. 31» Willy Rössel, Konzertsänger – Ernst Söndli, Blechinstrumente – Dr. phil. Willi Reich als Wissenschaftler – Adolf Balzli als Psychotechniker
35 «Musikunterricht an der Hilfsschule» Goltz

---

ca. 1945
36 «Die Bedeutung des Schöpferischen Gestaltens im Leben des Menschen» als Thema einer Arbeitstagung
37 «Bach als Erzieher» Anna Wismer, Zürich
38 «Singt u. spielt in Schule u. Haus» Rudolf Schoch, Zürich
39 «3. Fortsetzung v. Nr. 31» Thilde Kriesi, Graphologin – E. Kunz, ein Familienvater
40 «Die Orgel u. ihre Entwicklung» Ida Zürcher
41 «Der Klavierunterricht u. des Schülers Seele» E. Steine-Erzinger
42 «Vom Musizieren u. Üben» Rudolf v. Tobel
43 «Gedanken über das Tonleiterspiel» Musiker-Arbeitsgemeinschaft
44 «Der Wert der rhythm. Musik.-Erz. bei Trotzerscheinungen» T. Pfisterer

---

ca. 1946
45 «Klang und Bewegung» Ch. Pfeffer, Rom
46 «Ursachen des schlechten Konzertbesuches» Dr. Joachim Wyss, Zürich
47 «Neues Singen» L. Feurer, St. Gallen
48 «Ganzheitliche Erziehung – rhythm.-musik. Erz. – Instrumentalunterricht» Arbeitswoche
49 «Schöpferisches Gestalten im Klavierunterricht» Ernst Locher

---

5. Jahrgang
50 Okt. 1946 «Erziehung zur Konzentration» M. Scheiblauer
51 Nov. 1946 «Kleiner Lehrgang der Improvisation für Kinder» Ernst Locher
52 Dez. 1946 «Musikerziehung» Ch. Pfeffer – «Ein Weg in die Klangwelt des Gesanges für unsere Kleinen» L. Feurer

53 Jan. 1947 «Die schöpferische Erziehung im Musikunterricht» A. Ammann
54 Febr. 1947 «Das Musikinstrument des Kleinkindes» R. Kassebeer
55 März 1947 «Was Bambusflöten u. Rhythmik meinen Kindern bedeuten» M. Ammann-Hemmeler
56 April 1947 «Das Gemeinschaftsempfinden in der Musik» V. Zuberbühler
57 Mai 1947 «Das Spiel des Kindes» T. Pfisterer
58 Juni 1947 «2. Forts. v. Nr. 52» J. Feurer
59 Sept. 1947 «Spezialisierung oder Zusammenfassung?» Ch. Pfeffer
60 Okt. 1947 «Was kann man auf der Blockflöte spielen?» Wald. Woehl

---

6. *Jahrgang*
61 Nov. 1947 «Konzerte für die Jugend» M. Scheiblauer
62 Dez. 1947 «Das Schul-Schlagzeugorchester» Ernst Hörler
63 Jan. 1948 «Die Musik im Kindergarten» Hildegard Tauscher
64 Febr. 1948 «Wechselwirkung zwischen Körper u. Geist» Elfr. Feudel
65 März 1948 «Forts. v. Nr. 60» Waldemar Woehl
66 April 1948 «3. Forts. v. Nr. 52» J. Feurer
67 Mai 1948 «Sprachentwicklung–Sprachstörung» T. Pfisterer
68 Juni 1948 «Brummer» Prof. Dr. Karl Seiler, Erlangen
69 Sept. 1948 «Musikerziehung u. Hausmusik» Waldemar Woehl
70 Okt. 1948 «Durchhalten» M. Scheiblauer

---

7. *Jahrgang*
71 Nov. 1948 «Der Weg der neuen Musik» Ch. Pfeffer
72 Dez. 1948 «Schulreife» Helene Stucki (Doppelnummer)
74 Febr. 1949 «Das Cello» Eric Guignard
75 März 1949 «Paul Casals' musikalische Anfänge» R. v. Tobel
76 April 1949 «4. Forts. v. Nr. 52» und Schluß
77 Mai 1949 «Musische Erziehung» Hildegard Tauscher
78 Juni 1949 «Das Kinderzeichnen» T. Pfisterer
79 Sept. 1949 «Das Tempo» Ch. Pfeffer
80 Okt. 1949 «Erziehung der Erzieher» P. Moor

---

8. *Jahrgang*
81 Nov. 1949 «Jugend u. neue Musik. Pfingsttagung Bayreuth» Ch. Pfeffer
82 Dez. 1949 «Das häusliche Streichquartett» H. Biedermann
83 Jan. 1950 «Der Bewegungstrieb» T. Pfisterer
84 Febr. 1950 «Zu Chopins 100. Geburtstag» Bertie Biedermann
85 März 1950 «Gedanken über das Schultheater» Dr. Walter Schäfer

86 April 1950 «Die Musikgeschichte als Erzieherin des Musikerziehers» Dr. Ernst Ferand, New York
87 Mai 1950 «Methodische Ausgangspunkte beim Rhythm.-Unterricht» Ch. Pfeffer
88 Juni 1950 «Die Anfänge der Musikerziehung» Beatrice Scala
89 Sept. 1950 «Das rhythmische Arbeitsprinzip in der Kunsterziehung» Elfriede Feudel
90 Okt. 1950 «Emile Jaques-Dalcroze» M. Scheiblauer

---

9. Jahrgang

91 Nov. 1950 «Das Zungen-R. ein pädagogisches Problem» W. S. Huber
92 Dez. 1950 «Warum ist die Musik v. J. S. Bach Ur-Musik?» B. Biedermann
93 Jan. 1951 «Sind wir alle musikalisch?» H. Goldenbaum, Paris
94 Febr. 1951 «Schülertypen» Ch. Pfeffer
95 März 1951 «Schreiben aus der Bewegung» Dore Jacobs
96 April 1951 «Musikalisch-rhythm. Erz. der Taubstummen» M. Scheiblauer
97 Mai 1951 «Zum 60. Geburtstag v. M. Scheiblauer» E. Wildbolz, W. Kunz, H. Hanselmann
98 Juni 1951 «Bewegungsfreiheit» Emmy Krüger
99 Sept. 1951 «Eine rhythm. Erz., entwickelt aus Wesen u. Natur des Kindes» Anneliese Schmolke, Köln

---

10. Jahrgang

100 Okt. 1951 «Der Rhythmus als Grundkraft» Fritz Jöde
101 Nov. 1951 «Die Stimme trügt nicht» Milla Cavin
102 Dez. 1951 «Schutz der seelischen Gesundheit unserer Kinder» Dr. med. W. Deuchler (Doppelnummer)
104 Febr. 1952 «Bewegungsfreude als helfende Kraft in der Schule» D. Jacob
105 März 1952 «Musik als Heilfaktor» Ch. Pfeffer
106 April 1952 «Einige Gesichtspunkte der Rhythm.-Erz. kleiner Kinder» Henny Goldenbaum, Paris
107 Mai 1952 «Instrumente für Kinder» Wilh. Mitschke, Nürnberg
108 Juni 1952 «Vom Wesen der modernen Klavierpädagogik» B. Biedermann
109 Sept. 1952 «Musikerziehung u. neue Musik» Rudolf Schoch
110 Okt. 1952 «Schauen u. Erleben, das Lernen des Kindes» M. Heilwagen

11. Jahrgang

111 Nov. 1952 «Erziehung zur Ganzheit» Mimi Scheiblauer
112 Dez. 1952 «Gutes Spielzeug» Paul Pfisterer
113 Jan. 1953 «Rhythm. Erz. u. Heilpädagogik» Ch. Pfeffer
114 Febr. 1953 «Neue Möglichkeiten, den Sängernachwuchs zu fördern» R. Schoch
115 März 1953 «Die freie Arbeitsweise im Kindergarten» T. Pfisterer
116 April 1953 «Die Elemente der Musik u. ihre Bedeutung für die Erziehung» M. Scheiblauer
117 Mai 1953 «Körperbildung im Kindergarten» Lisa Jacob, Essen
118 Juni 1953 «Offener Brief an Eltern v. Blockflötenschülern» R. Schoch
119 Sept. 1953 «Musikpflege in der Volksbildung» Carl Schmitt
120 Okt. 1953 «Weihnachtssingen für jung und alt« Rud. Schoch

12. Jahrgang

121 Nov. 1953 «Lebensnahe Körperbildung» Dore Jacobs, Essen
122 Dez. 1953 «Rhythm.-mus. Erz. im Kindergarten» T. Pfisterer
123 Jan. 1954 «Schule u. schöpferisches Tun» Paul Pfister, Thun
124 Febr. 1954 «Europäische Musikerziehung» L. Kestenberg, Tel Aviv
125/6 März 1954 «Seelisches Verhalten» Erwin Jeangros
127 Mai 1954 «Die Aufgabe der Musik in einer psychomotorischen Heilerziehung» Charlotte Pfeffer
128 Juni 1954 «Was bedeutet ein Kurs für Nichtsinger?» H. Goldenbaum
129 Sept. 1954 «Der Tanz in unserer Zeit» K. Lorenz
130 Okt. 1954 «Festliche Tage – junge Musik» Rud. Schoch

13. Jahrgang

131 Nov. 1954 «Rückblick u. Ausblick» M. Scheiblauer
132 Dez. 1954 «Rhythm. Erz. im Kindergarten» Charlotte Blensdorf (1926)
133 Jan. 1955 «Rhythmus u. rhythm. Gymnastik nach J. Dalcroze als Erziehungsfaktor» Sebastian Rüst (1912!)
134 Febr. 1955 «Forts. v. Nr. 129» K. Lorenz
135 März 1955 «Rhythmik in Israel» Käthe Jacob, Tel Aviv
136 April 1955 «Lied u. Musik im häuslichen Kreis» P. Pfister
137/8 Mai 1955 «Musische Erziehung u. Körperbildung» Dore Jacobs
139 Sept. 1955 «Was ist rhythmische Gymnastik?« E. Jaques-Dalcroze (1914!)
140 Okt. 1955 «Musikerziehung u. Körperbildung» Forts. Nr. 137, D. Jacobs

14. Jahrgang

141 Nov. 1955 «Musikalische Erfahrungen mit den Bambusflöten in einer Klasse v. 5- bis 6jährigen» Valentin Soutter, Lausanne

142 Dez. 1955 «Was bedeutet uns die Musik?» Ed. Ruefenacht

143 Jan. 1956 «Spracherziehung u. Musik in unseren Schulen» E. Frank

144 Febr. 1956 «2. Forts. v. Nr. 129» K. Lorenz

145 März 1956 «Musikerziehung u. Heilpädagogik» M. Scheiblauer

146 April 1956 «Die Bedeutung des künstlerischen Elementes in der Menschenbildung» Otto Müller, Wettingen (Doppelnummer)

148 Juni 1956 «Bilden, Formen, ornamentales Gestalten» P. Pfister

149 Sept. 1956 «Lob des Ballspiels» M. Scheiblauer

---

15. Jahrgang

1./2. Okt. 1956 «Die mus.-rhythm. Erz. im Unterricht der Grundschule» Dr. Ingeborg Schiessl, Wien (Doppelnummer)

3. Dez. 1956 «Sprech-Erziehung in der Schule» Dore Jacobs

4. Jan. 1957 «Die kindliche Motorik» Ch. Pfeffer

5. Febr. 1957 «Rhythmik als Erziehungshilfe daheim u. in der Schule» Anna Stapfer

6. März 1957 «Vom Sinn u. Wert der Bewegungsimprovisation» Renate Ott

7. April 1957 «Die rhythmische Erziehung als eine der Grundlagen bei der Festgestaltung in den Kindergärten Israels» K. Jakob Tel Aviv

8./9. Mai 1957 «Entspannungspädagogik» Gerda Alexander, Kopenhagen

10. Sept. 1957 «Rhythmische Erziehung in der Schulpraxis» M. Weber, Stuttgart

1. Okt. 1957 «Bindung u. Freiheit in der Erziehung» Dr. I. Schiessl

---

16. Jahrgang

2. Nov. 1957 «Sucht und Halt» Prof. Dr. Paul Moor, Zürich

3./4. Jan. 1958 «Raumordnung – Bewegungsordnung als erzieherisches Prinzip» Ch. Pfeffer (Doppelnummer)

5. Febr. 1958 «Leibliche Kunsterziehung» Dore Jacobs

6. März 1958 «Vom tiefern Sinn des Handpuppentheaters» Paul Pfister

7./8. April 1958 «Bewegung u. Entspannung für alte Menschen» Anne Winter, Ithaca, N.Y. (USA) (Doppelnummer)

9. Juni 1958 «Kleines Konzentrations-Brevier» M. Scheiblauer

10. Sept. 1958 «2. Internat. Tagung der Bambusflötengilde» Margaret James

1. Okt. 1958 «Arbeitserziehung» Ch. Pfeffer, Freiburg i. Br.

17. Jahrgang

2. Nov. 1958 «Musikalische Symbole» Werner Glaser, Västeras, Schweden
3. Dez. 1958 «Freizeit als Gabe und Aufgabe» Erwin Jeangros, Bern
4. Jan. 1959 «Die Dekoration der Flöten» Margaret James
5. Febr. 1959 «Laientanz als Weg der Kunsterziehung» Dore Jacobs
6. März 1959 «Zur Kompetenzfrage des Musiktherapeuten» Alexander Pontvik
7. April 1959 «Zum Schultheater» E. Mühlemann, Weinfelden

8./9. Mai 1959 Sondernummer über Film-«Rhythmik» Doppelnummer

10. Sept. 1959 «Aus der Arbeit» Käthe Jacob

1. Okt. 1959 «Musikerziehung als Einheit» Leo Kestenberg

---

18. Jahrgang

2. Nov. 1959 «Laienspiel aus der Bewegung» D. Jacobs
3. Dez. 1959 «Klangvorstellung u. Klanggestaltung» W. W. Glaser, Västeras
4. Jan. 1960 «Der Beitrag der musik.-rhythm. Erz. zur heutigen Situation der musischen Erziehung» Dr. I. Schiessl

5./6. Febr. 1960 «Die Berufsschule, auch ein Weg zur Bildung» Otto Michel

7. April 1960 «Prof. Heinrich Hanselmann 1885–1960» M. Scheiblauer
8. Mai 1960 «Die Bedeutung des Vibrationsphänomens in der Heilpädagogik» M. Scheiblauer
9. Juni 1960 «Rhythmikstunden mit Patienten in der Psychiatrischen Universitätsklinik Burghölzli, Zürich» Sr. A. Widmer
10. Sept. 1960 «Der Wert der frühkindlichen Gewöhnung» Dr. I. Schiessl

1. Okt. 1960 «Bewegung und Ganzheitspädagogik» Prof. Elfriede Feudel

---

19. Jahrgang

2. Nov. 1960 «Stegreifspiel, improvisiertes Theater – ein Heilmittel» Paul Pfister, Thun
3. Dez. 1960 «Grundlagen zwischenmenschlicher Beziehungen» M. Scheiblauer
4. Jan. 1961 «Bericht über Rhythmikunterricht an der 11. Spezialklasse der Sonderschule Salzburg» Hermine Becker
5. Febr. 1961 «Bewegungs-Therapie» M. Scheiblauer

6./7. März 1961 «Horchen, schauen, greifen – begreifen» Ch. Pfeffer (Doppelnummer)

8. Mai 1961 «Ein Weg zur rhythm.-musik. Erz. im Kindergarten» T. Biedermann
9. Juni 1961 «Am Kreuzweg» M. C. Sandoz, Moutier
10. Sept. 1961 «Freizeit als geschichtliche Situation» Prof. Dr. L. Prohaska
1. Okt. 1961 «Die Pädagogik des innern Halts aufgrund der innern Psychomotorik» Charlotte Pfeffer

---

20. Jahrgang
2. Nov. 1961 «Rhythmische Beschäftigung außerhalb Schule u. Kindergarten» M. Scheiblauer
3./4. Dez. 1961 «Erfahrungen mit der musik.-rhythm. Erz. bei taubstummen Schulanfängern» Elisabeth Meyer, Bremen (Doppelnummer)
5. Febr. 1962 «Der Schulmeister» P. Moor, Prof. in Zürich
6. März 1962 «Erziehung durch Bewegung u. Musik» Sr. Catherine, Fribourg
7. April 1962 «Ein Brief u. ein Aufruf zugleich» Pablo Casals – «Gedanken über die Erziehung zur Ehrfurcht» Helene Stucki
8. Mai 1962 «Bewegung, aller Erziehung Anfang» Prof. Dr. W. Heinen, Münster
9. Juni 1962 «Von der Musik» Prof. H. Hanselmann, Zürich
10. Sept. 1962 «Vom Wesen des Rhythmus» Karl Grenacher, Wettingen
1. Okt. 1962 «Eduard Spranger zum 80. Geburtstag» Erwin Jeangros

---

21. Jahrgang
2. Nov. 1962 «Schülertypen» Wiederholung von Nr. 94, 1951
3. Dez. 1962 «Eindruckserleben u. Ausdrucksgestaltung im Kindergarten» Prof. Dr. Wilhelm Heinen, Münster/Westf.
4./5. Jan. 1963 «Musizieren, Üben u. Erziehung» Rud. v. Tobel
6. März 1963 «Rhythmik als Hilfe für gehörlose Kinder» B. v. d. Heyden
7. April 1963 «Die Mithilfe der Eltern beim Musikunterricht ihrer Kinder» Paul Pfister, Thun
8. Mai 1963 «Die Bedeutung der Improvisation» Elsbeth Vollenweider
9. Juni 1963 «Die musik.-rhythm. Erz. im Unterricht der Grundschule» I. Schiessl
10. Sept. 1963 «Rhythm. im Kurz-Kurs (6 Monate) für Kindergärtnerinnen aus afro-asiatischen Ländern» S. Zidkony, Haifa
1. Okt. 1963 «Unterbrechen–Umschalten–Durchhalten» M. Scheiblauer

---

22. Jahrgang
2. Nov. 1963 «Spiel als Bewegung u. Ausdruck in der Entfaltung des kindlichen Ich» Prof. Dr. W. Heinen

3. Dez. 1963 «Grundsätzliches zur Rhythmik bei behinderten Kindern» M. Scheiblauer

4./5. Jan. 1964 «Heilpädagogische Rhythmik» S. Naville-Asper (Doppelnummer)

6. März 1964 «Form» Dore Jacobs, Essen

7. April 1964 «Die musikalische Leseschulung» Fritz Indermühle

8. Mai 1964 «Von der Bedeutung der rhythm.-mus. Erz. u. ihrem Einfluß auf das Kind» Renate Ott, Konservatorium Bern

9. Juni 1964 «Die Pflege der Sprache» Georg Thürer

10. Sept. 1964 «Unsere Kleinsten» Dr. med. Marie Meierhofer

1./2. Okt. 1964 «Sonderliche Kinder» Charlotte Pfeffer

---

23. Jahrgang

3. Dez. 1964 «Spielzeuge, gute u. schlechte Helfer in der Erziehung» P. Pfister

4. Jan. 1965 «Die erzieherische Aufgabe der Musik» K. v. Fischer

5. Febr. 1965 «Die Schlaghölzchen» Catherine v. Fischer

6. März 1965 «Die Sonderschule aus der heutigen Sicht» G. Ludwigshausen, Bremen

7. April 1965 «Beschützende Werkstätten u. Psychomotorik» Ch. Pfeffer

8. Mai 1965 «Musik.-rhythm. Erz. – eine Pädagog. Rhythmik» G. Ludwigshausen

9. Juni 1965 «Gemeinschaftsübungen» Günther Ludwigshausen, Bremen

10. Sept. 1965 «Emil Jaques-Dalcroze z. 100. Geburtstag» Gustav Güldenstein

1. Okt. 1965 «Kleiner Auszug aus NOTES BARIOLÉES» v. E. Jaques-Dalcroze

---

24. Jahrgang

2. Nov. 1965 «Bewegung u. Musik als Erziehungs- u. Bildungshilfe in der Heilpädagogik» M. Scheiblauer

3. Dez. 1965 «Kindertheater» M. Scheiblauer

4. Jan. 1966 «Das verwaiste Kind der Natur» Prof. Elfriede Feudel

5./6. Febr. 1966 «Angst u. Vertrauen» Alfred Nitschke (Doppelnummer)

7./8. April 1966 «Musikalische Inspiration» Paul Hindemith (Doppelnummer)

9. Juni 1966 «Vom Ethos des Musikerziehers» Hans Sittner

10. Sept. 1966 «Psychomotorische Therapie» Susanne Naville

1. Okt. 1966 «Elfriede Feudel 1885–1966»

---

25. Jahrgang

2. Nov. 1966 «Was Kinder von ihrem Spielzeug erwarten» B. Harvaux

3. Dez. 1966 «Das Schicksal geistig behinderter Kinder» Dr. med. H. Klimm – «Die drei Stufen»
4. Jan. 1957 «Paul Hindemith – Musica humana» Kurt v. Fischer
5. Febr. 1967 «Die Aufgabe im Leben erziehungsschwieriger Kinder» C. v. Fischer
7./8. April 1967 «Haltung, Atmung u. Stimme – Zusammenhänge u. Fehler» Maria Friedrich
9. Juni 1967 «Twist in der Schule?» Karl Lorenz
10. Sept. 1967 «Anwendung der Rhythmik in der Heilpädagogik» Sr. M. Hugoberta Niessen
1./2. Okt. 1967 «Über musikalische Erziehung» W. Müller v. Kulm

---

26. *Jahrgang*
3. Dez. 1967 «Musik.-rhythm. Erziehung: Rhythmik» Lore Liebtrau, Bremen
4. Jan. 1968 «Beziehung zu geistig Behinderten» D. Kirchdorfer
5. Febr. 1968 «Umgang mit Jugendlichen» M. Scheiblauer
6. März 1968 Fortsetzung zu Nr. 3/67
7./8. April 1968 «Die tänzerisch-musikalische Erziehung der Kinder und ihre Bedeutung für eine ästhetische Erziehung des Menschen» K. Lorenz
9. Juni 1968 «Psychomotorik der Blinden» Charlotte Pfeffer
10. Sept. 1968 «Rhythmik nur im Kindergarten?» Dr. Ingeborg Gnant
1. Okt. 1968 «Pädagogische Ratschläge» M. Scheiblauer

---

27. *Jahrgang*
2. Nov. 1968 «Examenslehrprobe» Sr. Mar. Almuth Bösele, Freiburg i. Br.
3. Dez. 1968 «Albrecht Thausing» Elvira Lüthi-Wegmann
4./5. Jan. 1969 Nachrufe f. Mimi Scheiblauer

Literaturverzeichnis

Mimi Scheiblauer: Mitarbeit in: Elfriede Feudel, «Rhythmik», Delphin-Verlag, 1926 (Nachdruck: Kallmeyer-Verlag, 1982)

Otto Veraguth: «Gehörlose Kinder erleben Musik», Bericht mit Bildern in: Atlantis Nr. 3, 1943

Ingeborg Schiessl: «Die musikalisch-rhythmische Erziehung», Dissertation, Wien 1956

Bruno Steiger: «Rhythmische Erziehung im Sprachunterricht der Gehörlosenschule», Diplomarbeit beim Heilpädagogischen Seminar (HPS), Zürich 1964

Franz Haider: «Maria Scheiblauers rhythmische Erziehung», in: Erziehung und Unterricht (Österr. Pädagogische Zeitschrift) Nov. 1966

J. L. Neikes: «Scheiblauer-Rhythmik», A. Henn-Verlag, Wuppertal 1969

Peter Schär: «Mimi Scheiblauer», Diplomarbeit HPS, Zürich 1970

Trudi Pfisterer: «Rhythmisch-musikalische Erziehung in Kindergarten und Schule», 1. Ausgabe im Sämann-Verlag, 2. Ausgabe im Pelikan-Verlag, 1971

Catherine Krimm-v. Fischer: «Musikalisch-rhythmische Erziehung», Herderbücherei Band 9015, 1974

Bünner/Röthig: «Grundlagen und Methoden rhythmischer Erziehung», Klett-Verlag, 1971

Bildnachweis

Herta Bamert, Zürich: Bild Nr. 6; Eckehard Bohtz, Zürich: 24, 26–30, 33; Foto Hirsbrunner, Luzern: 1, 5; Dr. Reni Mertens: 4; P. Meyer, Zürich: Frontispiz; Marianne Paravicini, Zürich: 35; Anni Stiefel, Glarus: 8; Teleproduktion, Zürich (Reni Mertens und Walter Marti): 16–19, 25, 34. Alle nicht erwähnten Fotos stammen aus Mimi Scheiblauers Nachlaß.

Frau Dr. Reni Mertens und Herr Walter Marti überließen mir in großzügiger Weise den schriftlichen Nachlaß von Mimi Scheiblauer. Folgende Schüler, Kollegen und Freunde standen mir mit großem Einsatz bei: Trudy Aebly, Vreni Bänninger, Sr. Gertraud Bärlocher, Trudi Biedermann, Rosmarie Bösch, Vreni Brachem, Herta Bamert, Lotti Bezel, Silvia Benteli, Tina Conzetti, Margrit Dürr, Charlotte Frauchiger, Agnes Fischer, Margrit Frey, Lili Hauser, Nelly Heuss, Marlis Klinger, Catherine Krimm, Herta Loele, Rushi Ledermann, Sr. Christiane Muff, Sabine Muischneek, Dorly Meyer, Regula Merz, Heidi Nägeli, Genia North, Agnes Poche, Anita Ruscher, Ella Rüesch, Martha Schmid, Gerda Sigg, Ellinor Storck, Margrit Steiner, Dorli Silberstein, Elsbeth Steiner, Margrit Sennhauser, Verena Steiner, Ursula Schmidt, Bice Scheitlin, Annie Stiefel, Laurette Sennhauser, Lilo Thelen, Susi Walser, Olga Zollinger, Vreni Zuberbühler, Ritta Zurbuchen, Helene Zimmermann, Marion Ziegler.
Die Schwestern von Baldegg und Menzingen, die Heimleitung von La chaux d'Abel, Getrud Hochuli, Zofingen, Elvira Lüthy, Schaffhausen, Anita Utzinger, Anni Hochweber, Ernst Furrer, Georgette Boner, Dr. Fritz Schneeberger, Prof. Hermann Siegenthaler, Peter Schär, Familie Hans Zimmermann, Zürich, Dir. Bruno Steiger, Riehen-Basel, Paul Pfister, Thun, Domkapellmeister Johannes Fuchs, St. Gallen, Dr. Rudolf Greminger a. Dir. der Schweizerschule Rom, Dr. Emil Landolt, a. Stadtpräsident von Zürich, Elisabeth Meyer, Bremen, sowie das Stadtarchiv Luzern, das Konservatorium Zürich, die Eidgenössische Technische Hochschule Zürich, die Philosophische Fakultät I der Universität Zürich, das Zürcher Opernhaus, die Zentralbibliothek Zürich, Dr. Agnes Niegel, Wien, stellten mir Briefe, Fotos und andere Dokumente zur Verfügung oder halfen mir mit Auskünften.
Ihnen allen möchte ich an dieser Stelle meinen Dank aussprechen.
Mein ganz besonderer Dank geht an Herr Dr. Daniel Bodmer, der in großzügiger und verständnisvoller Weise das Werden des Buches betreute. Seinem Wohlwollen ist es zu verdanken, wenn dieses heute in so ansprechender Form vorliegen kann.